満鉄調査部

小林英夫

講談社学術文庫

はじめに――「元祖シンクタンク」としての満鉄調査部

テレビを見ていると、時事解説員としてシンクタンクの調査マンがしばしば登場する。野村総研だったり、日本総研だったり、富士通総研だったりと、社名や顔ぶれは多様だが、第一線の常連アナリストにシンクタンクマンの名が挙がることは珍しくない。激変する状況を的確に捉え、それに対する知識と対策を提言するには、それなりの才覚と訓練が必要になるが、いまや企業にとって、状況を科学的に分析し、的確な判断と迅速な対策を提示することは生き残りの必須条件である。

昔は、時代の流れもゆるやかで、状況の変化も穏やかだったから、指導者はいわゆる「勘と経験」である程度こなしていけたし、長年の「読み」でそれなりに方向が設定できた。ところが、グローバル時代の現代では、そうした対応はしばしば判断を誤らせ、最悪の場合には死をもたらす。それを防ぐために、いきおい会社のなかに調査部を設けて充実させ、社長みずからがアナリストの分析結果に耳を傾けることとなる。激動下にある二一世紀の日本は「一億総シンクタンク化」の時代を迎えたといっても過言ではない。

しかし、こうした人材が必要であったのは、なにも今にはじまった話ではない。国運が急展開を遂げるときには既存の官僚機構では手におえず、それを補塡するためのシンクタンクが必要とされてきた。日露戦争後の満洲では、日・欧・米・露など各国の利権がこの地に錯綜したために調査部なくして満鉄は生きられなかった。ロシア革命後は社会主義研究や社会問題研究といった分野で新たな調査活動が必要になった。満鉄調査部のソ連研究への傾斜や、一九一九年の大原社会問題研究所の誕生がそれである。

そして満洲事変から日中戦争、アジア太平洋戦争の時期になると、日本の針路をめぐってシンクタンクの重要性がさらに高まった。一九三三年の昭和研究会の誕生、一九三八年の東亜研究所の設立はそれにあたる。激変する国際・国内状況のなか、官僚機構では対応しきれない課題を迅速に処理するためには調査機関の活動と充実が不可欠だったのだ。

日露戦争後にできた満鉄調査部の最大の特徴は、ロシア革命から、日中戦争、アジア太平洋戦争を通し、日本帝国の東アジア進出の各段階で、その時の課題に対して調査活動の最前線に立ち、日本の国策決定に重要な役割を演じた点にある。満鉄調査部が「元祖シンクタンク」と称される所以《ゆえん》である。

もっとも満鉄調査部といっても、今の若い人は、歴史の教科書に登場する一会社程度の知識しかないかもしれない。

本書は、この満鉄調査部をひもといて、その歴史をたどり、彼らの活動と実績、それが戦前の日本の国策に与えた具体的影響、さらには戦後の日本の政治と経済に与えた「遺産」を検討するものである。

国策に密着して

満鉄調査部に関しては、これまでも多くの著者が論じてきた。伊藤武雄『満鉄に生きて』（勁草書房）、山田豪一『満鉄調査部――栄光と挫折の四十年』（日本経済新聞社）、井村哲郎編『満鉄調査部――関係者の証言』（アジア経済研究所）、原覚天《かくてん》『現代アジア研究成立史論』（勁草書房）、同『満鉄調査部とアジア』（世界書院）、石堂清倫《きよとも》・野間清・野々村一雄・小林庄一『十五年戦争と満鉄調査部』（原書房）、野々村一雄『回想 満鉄調査部』（勁草書房）など十指に余る。一会社の調査部としては、異例といってよいほどの数だ。この会社の調査部がただものではないことを示している。

これらの満鉄調査部研究書はそれぞれに特徴を持っている。『満鉄に生きて』『満鉄調査部――関係者の証言』『十五年戦争と満鉄調査部』『回想 満鉄調査部』はいずれも満鉄調査部に在籍した経験者の回想録かその座談会、ヒヤリングである。そうしたなかで、満鉄調査部全史にふれた書物の秀作は山田豪一『満鉄調査部――栄光と挫折の四十年』であろう。新書版ながら、日本帝国における満鉄調査部という組織を、十五年戦争を戦うなかで東亜の「経済参謀本部」の役割を果たした機関と明確に位置づけているからである。

たしかに満鉄調査部が日本帝国の「経済参謀本部」として活動したのは事実である。しかし、そうした性格を帯びたシンクタンクとして活動を開始するのは一九一七年のロシア革命以降のことであった。それ以前の満鉄調査部の活動は、情報収集という機能はある程度果していたが、調査活動といえる体系性を持っていたわけではない。また初代総裁後藤新平の植民地経営論も後藤の個性を示すものとして注目されるが、満鉄調査部の活動理念として初期から骨肉化していたわけではない。むしろ後藤の作り上げた満鉄調査部は、初代総裁後藤新平、二代目の総裁中村是公《これきみ》の退陣と共に一応の終焉を迎えると見るべきだろう。この先細りの満鉄調査部の動きを蘇生させたものこそロシア革命であり、その後のソ連との対立に勝利するための情報調査活動の重要性だった。そしてそれが日本の一貫した国策決定の重要ファクターとなるのである。

したがって、ロシア革命以降の満鉄調査部は、単に満鉄の調査機関であっただけでなく、日本の国策を立案し、実施するための調査をおこなうことをも課題としていた。前述したように、この調査部を調査部たらしめた最大の特徴は、ここが国策の調査立案機関だったことであるが、それは株式会社でありながら国策会社の色彩を濃厚にもって誕生した満鉄そのものの性格に由来する。最初は会社を通じた国策調査だったのが、ロシア革命、満洲事変、日中戦争と続くなかで、直接に国家機関と結びついた調査活動へと変身していった。

満鉄調査部が、いかに国策と関係していたか、またなぜ国策と関連しえたのか、さらには国策と深く連繋していたがゆえに起きた一九四二年九月の満鉄調査部事件とはいかなるものだったのか。これまでベールに包まれていたこの事件の真相に迫るのも本書の課題の一つである。そして最後に、国策と深く関係していた満鉄調査部の面々が、国策課題が大きく変わった戦後のなかでどのように生きたのかについて言及したい。

目次

満鉄調査部

満鉄調査部

序　章　満鉄調査部の誕生

満鉄の誕生

本書の主題である満鉄調査部の母体となる満鉄（南満洲鉄道株式会社）そのものが誕生したのは一九〇六年一一月のことである。前年の〇五年九月に締結されたポーツマス条約を受けて、ロシアから譲渡された東清《とうしん》鉄道の南半分、つまり寛城子（長春郊外）以南の鉄道とその沿線付属地を手に入れた日本は半官半民の株式会社を設立したのである（次ページ地図参照）。

満鉄が大連から長春より北に位置する寛城子までをロシアから引き継いだのは、日露戦争で日本軍が占領できた最北端が寛城子だったからという説と、ポーツマス条約で折衝にあたった日露両国代表が寛城子と長春旧市街が隣接していたために勘違いしたからだという説があってはっきりしないが、長春周辺が日露戦争時の日本軍の進撃の北限だったことはまちがいない。

日本政府は、ロシアから引き継いだ利権を清国に承認させるために、一九〇五年暮

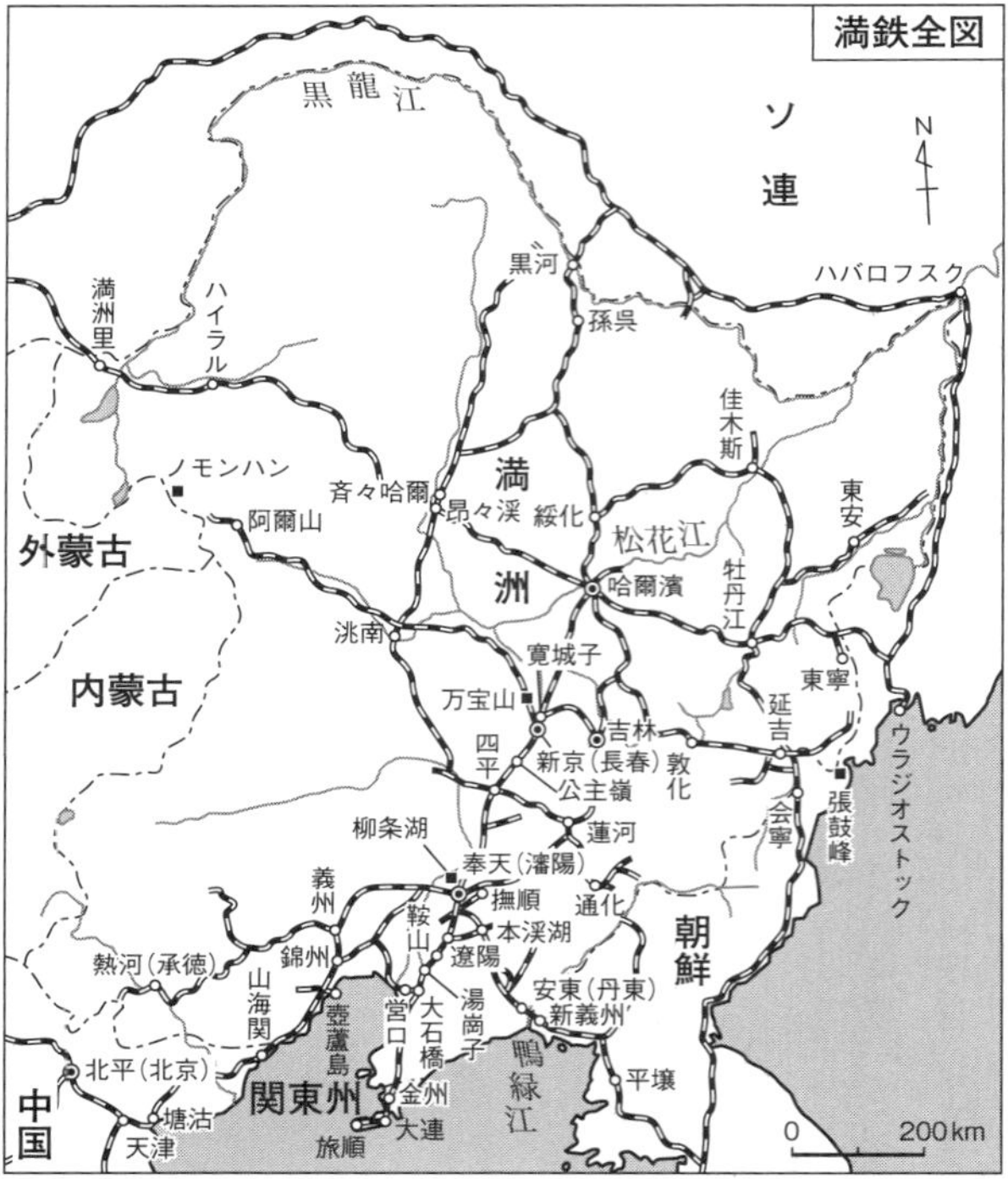

満鉄全図
ソ連
N
黒龍江
黒河
孫呉
ハバロフスク
満洲里
ハイラル
佳木斯
ノモンハン
斉々哈爾
昂々渓
綏化
松花江
東安
阿爾山
外蒙古
満洲
哈爾濱
牡丹江
洮南
寛城子
内蒙古
万宝山
東寧
吉林
延吉
四平
新京（長春）
敦化
公主嶺
ウラジオストック
張鼓峰
会寧
柳条湖
蓮河
奉天（瀋陽）
義州
撫順
通化
本渓湖
朝鮮
熱河（承徳）
錦州
鞍山
遼陽
山海関
壺蘆島
営口
大石橋
湯崗子
安東（丹東）
新義州
鴨緑江
北平（北京）
平壌
関東州
金州
中国
塘沽
天津
大連
旅順
0
200km

に日清満洲善後条約を締結、翌年一月には陸軍参謀本部次長（満洲軍総参謀長）の児玉源太郎を委員長とする満洲経営委員会が組織された。そのなかで、満鉄は軍事色が濃厚な国家機関という性格をもつ株式会社としての地位を与えられた。資本金は二億円で当時日本最大の株式会社であった。そのうち一億円は日本政府の現物出資で、残り一億円は日清両国人の出資によるとされたが、事実上、清国人を排除して株式募集はおこなわれた。

しかし、当時の日本の財力では、到底それをまかなうことはできず、ロンドンで募集された外債でやっと息をつく状況だった。日英同盟のよしみでイギリスがサポートしたからこそ、その誕生が可能だったのである。

難産のなかで、一九〇六年一一月に後藤新平が初代総裁に任命され、創立総会がおこなわれた。翌一二月には設立登記を完了し、一九〇七年四月に営業が開始された。

総裁後藤新平

満鉄の初代総裁に就任した後藤新平は、一八五七年、岩手の水沢に生まれた。幕末の悲劇の蘭学者高野長英とは同郷で親戚筋にあたる。彼が医学を志しながら、長じて政治の世界に身を投じ、個性豊かな政治家として異彩を放つ背後に、幼いころから尊敬していた反骨の士、高野長英の姿が見え隠れする。

七三年、福島第一洋学校入学、その後医師としてドイツへ留学、帰国後は内務省衛生局長に就任している。そのとき華族の相馬家のお家騒動に巻き込まれて失職しているが、こんなところにも後藤が単なる医者ではなく政治への関わり合いを目指していたことがうかがえる。

お家騒動にかかわる裁判で無罪を勝ち取った後、日本の最初の植民地である台湾で、総督児玉源太郎のもと、統治の実質的責任者である民政長官を務め、領台直後の混乱した植民地統治に終止符を打ち、台湾総督府による安定治世への道を開いている。

後藤は樺山資紀《すけのり》以来、桂太郎、乃木希典と三代続いた歴代総督が手を焼いた台湾住民の反日運動をその根元から断ち切るために、抵抗運動の担い手だった村落有力者の懐柔を目論んで土地調査事業を実施した。親日派の村落有力者の土地所有を承認しつつ反日派の経済的基盤の切り崩しを図ったのである。総督とはいえ国内政治の中枢にあって多忙な児玉に代わり、後藤は民政長官としてこの困難な仕事を完成させ、台湾施政の基盤づくりに貢献した。彼は、これ以外にも台北の都市づくり、貨幣整理事業、台湾縦貫鉄道建設、港湾建設、糖業政策の確立などを手がけ、その後の台湾統治の基礎の確立に指導的役割を演じた。

この間、総督児玉源太郎は台湾統治を後藤に任せ、一九〇〇年から〇三年まで、陸軍大臣、ついで内務大臣、文部大臣を兼任したが、一九〇四年二月に日露戦争が勃発し、六月に満洲軍総司令部が設置されると、満洲軍総参謀長として日露戦争を勝利に導いた。さらに日露戦争後においても満洲経営に深く関わった児玉源太郎は、台湾統治に続いて満洲統治でも後藤の活用を考える。

当初、後藤は台湾に未練を持っており、児玉の満洲への誘いには消極的だった。しかし一九〇六年七月、後藤が児玉から満鉄総裁への就任をすすめられ、これを固辞して別れた翌日に児玉は急死する。後藤は児玉の死を天命として、満鉄総裁を受諾することになる。

後藤の植民地統治思想

ところで、後藤新平の満洲経営哲学を表した言葉に「文装的武備」なる言葉がある。後年に彼がおこなった講演の表現を借りれば、「文事的施設を以て他の侵略に備え、一旦緩急あれば武断的行動を助くるの便を併せて講じ置く事」だという。つまり植民地支配は、単に武力に頼るだけではなく、教育、衛生、学術といった広い意味での「文事的施設」を駆使する必要があり、植民地の人々の間に日本に対する畏敬の念が生じれば、いざという場合に他国からの侵略を防ぐことができるというのである。そして、この「王道の旗を以て覇術を行う」文装的武備のポイントをなすものが、教育、衛生、学術といった「文事的施設」にほかならなかった。

「文装的武備」という言葉は、後藤の植民地統治思想を表現するものとしてつとに有名であるが、これはドイツ留学時代の医学思想と、台湾での統治経験の結合から生まれた彼独自の発想だろう。後藤は、台湾総督府民政長官時代に「文」と「武」を結合した統治政策で反日運動を鎮め、台湾統治の基礎を確立し、満洲でもその経験を生かしてさまざまな施策を打ち出した。後藤は総裁として、満鉄の軌間を標準軌に改修して輸送量の飛躍的拡大をはかったり、大連港の築港や撫順《ぶじゅん》炭鉱の近代化などを実現した。こうした多角的経営で満鉄の基盤の充実をはかる一方で、満鉄沿線の付属地の経営に着手し、旅順工科学堂（のちの旅順工科大学）、南満医学堂（のちの満洲医科大学）を準備し、大連病院と併せて教育、医療の充実に努めた。さらに満鉄内に調査部を設けて調査活動を展開した。

後藤は満洲で「文装的武備」を地でいく施策を打ち出したのである。

岡松参太郎というブレーン

こうした後藤のアイデアを実現していくには、彼を取り巻くブレーンの活動が不可欠だった。後藤のような政治家であればよくあることだが、彼の背後に黒子的なブレーンが、自称（これが結構多い）も含めて多数いたとしてもおかしくはない。

台湾民政長官に就任した後藤が、それまで台湾で仕事をしていた多数の法科系官僚を帰国させ、代わりに土木、鉄道、医学といった分野のスペシャリストを招聘したことは有名だが、彼は仕事ができる者を人脈・思想にこだわらず登用した（御厨貴編『時代の先覚者・後藤新平』）。

当時、京都帝国大学教授だった岡松参太郎は、間違いなく「できる人物」の一人であった。岡松は、後藤民政長官に乞われて台湾の旧慣調査で責任者を務め、後藤が満鉄総裁に転ずると、これまた乞われて満鉄理事に就任している。教授職と理事職を兼任するのはまかりならん、とする文部省の反対を後藤は持ち前の政治的腕力でおしきって理事就任を実現させた。後藤がいかに岡松を欲したかは、この一事をもっても明らかだろう。

事実、岡松もこれに応えて、創立される満鉄の性質を法的に明確にし、ヨーロッパを巡り各調査機関を訪ね、調査部の主要機構づくりにアイデアを提供し、さらには、しばしば後藤の構想の草案を代筆したといわれる。

岡松は満鉄設立にあたり、その性質を単純な商事会社とするのか、それとも特殊な役割を帯びた商事会社とするのかという会社の性質にかかわる根本問題に関して、「南満洲鉄道株式会社ノ性質」（一九〇七年三月）という論文のなかで、公権力の裏づけのないことには殖民会社の成功はおぼつかないと述べて、「政府は名を会社に借り、実はその機関たらしめんことを期せるものにして事実上において政府は南満洲鉄道株式会社をして政府に代り南満洲の経営にあたらしめんといふ目的を有するものである」と結論づけ、その国際法上の根拠の説明をおこなった。

また、後藤の台湾民政長官時代には存在せず、新たに満鉄で活動した調査機関に東亜経済調査局がある。東京に本拠を構え、情報収集と発信をおこなった東亜経済調査局の設立のアイデアを後藤に提供したのも岡松だった。後藤の名前で発表されたこの機関のアイデアは、一九〇七年から〇八年に岡松が欧州旅行をした際の調査報告書が下地になって具体化されていった。そのほか後年のことになるが、後藤がぶち上げた「大調査機関設立構想」も岡松の「大調査機関設立ノ儀」がベースになっていた（科研補助研究成果報告書・浅古弘『岡松参太郎の学問と政策提言に関する研究』）。

満鉄調査部の誕生

満鉄調査部の発足は一九〇七年四月である。満鉄の創立が一九〇六年一一月だから、満鉄の操業開始まもなく調査部も活動を開始したことになる。発足時の調査部は、総務、運輸、鉱業、地方の各部と並ぶ重要部局の一つとしてスタートした。当時の日本で、調査部に該当するセクションをもっていたのは三井物産だけだから非常に珍しかったといえる。

調査部が重視された理由は、多分に後藤の個性が反映されている。後藤は欧米並みの大企業であれば、それ相応の調査部をもつのは当然と考えていた節がある。彼は岡松参太郎に命じてヨーロッパの調査機関の実状を調べさせているが、それを基に調査機関ができると、早速英文、仏文でその機関の宣伝を開始している。後藤の見栄の一端が出ていて興味深いが、調査部をもつ実益も当然考えていただろう。満鉄を取り巻く日露戦争後の満洲の政治情勢は不安定で、欧米列強の干渉も激しく、状況は流動的だった。そんななかで情勢を正確に把握し方針を立てていくには、台湾時代以上に調査部の活動は不可欠と考えていたと思われる。

後藤は台湾民政長官時代に、統治の基本は旧慣調査にありという基本方針のもと、膨大な予算とスタッフを擁して調査活動を実施している。

臨時台湾旧慣調査会がスタートしたのは、一九〇一年一〇月のことである。すでに台湾の「行政百般の基礎」をなす土地調査事業は後藤新平、中村是公の指揮下で一八九八年から実施に移されており、台湾島民の激しい抵抗を受けながらも北部から南部へと事業は推し進められていた。土地調査事業の目的の一つである土地所有権の確定は、多くの紛争を生み出した。紛争は、地方土地調査委員会で審議され、もしそれが不服な場合には高等土地調査委員会に申し出ることとなっていた。

しかし、実際には紛争が地方土地調査委員会に持ち込まれることは少なく、高等土地調査委員会に持ち込まれることはほとんどなかった。多くの場合には紛争は現場の派出所で和解調停がなされた。「即決主義」を建前に別名「調査局大明神」と称された調査担当官が次々と結論を出す形で「ずんずん」と審査がおこなわれたという(『台湾土地調査概要』)。結論を出す担当官は旧慣調査で得た知識を前提に判断を下していたであろうことは想像にかたくない。

しかし満洲の場合には、台湾以上に日本の統治権が不安定だったわけだから、土地所有権を含む全般的調査活動の必要性は台湾よりはるかに大きかったと思われる。おそらくこうしたことが背景にあって、後藤は調査部構想を頭に浮かべたのであろう。後藤と岡松のコンビで推進された構想は、一方で台湾の経験を踏襲し、他方では新たな満洲での国際的条件を考慮にいれた新構想を織り込んでスタートしたのである。それが具体的にどんなものであったか、そしてそれはどのように変化したかを次に見てみることにしよう。

第一章　調査機関とロシア革命

1　初期・満鉄調査部の活動

調査部概要

創立直後の調査部は、経済調査、旧慣調査、ロシア調査の三班に分かれ、それ以外に監査班と統計班があった。スタッフは全員で一〇〇人前後。その内訳は経済、旧慣、ロシア班を合わせて一五〜一六人、監査班は一〇人前後、残りは統計班といった陣容だった。

こう書くと、読者はモダンな社屋できちっと区切られた小部屋があって、整然と並んだ机にむかって仕事をする職員を連想するかもしれないが、「総裁各理事とも雑居制であつて食堂で総裁以下各理事が食事をしてゐるときでも、社員は自由に食堂へ這《は》入《い》つて来て食事をしたもので、此の空気は社内に滲透して調査員も自然新興清新の感

満鉄調査機関の系譜

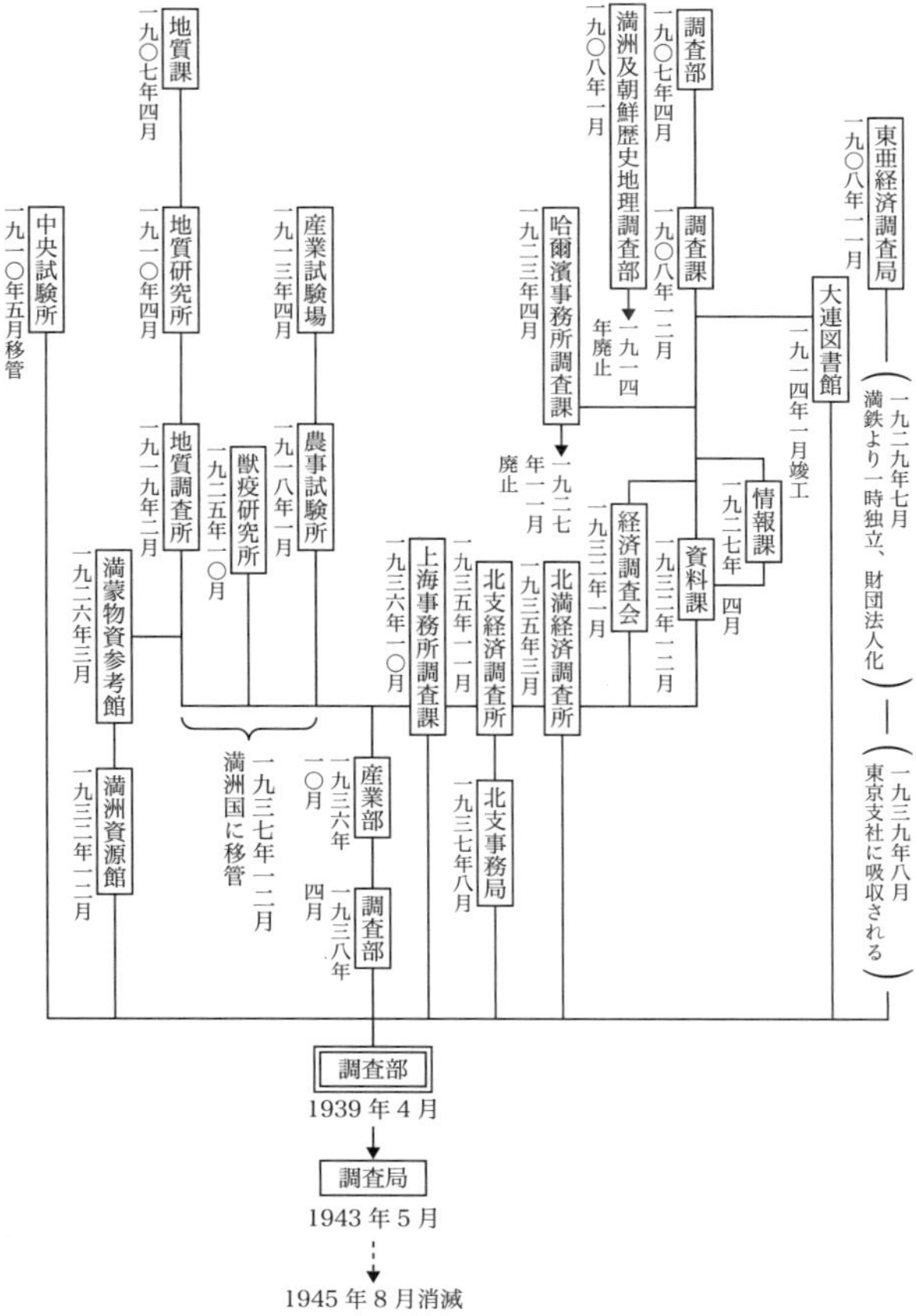
地質課
一九〇七年四月
満洲及朝鮮歴史地理調査部
一九〇八年一月
調査部
一九〇七年四月
東亜経済調査局
一九〇八年一一月
中央試験所
一九一〇年五月移管
地質研究所
一九一〇年四月
産業試験場
一九一三年四月
哈爾濱事務所調査課
一九二三年四月
調査課
一九〇八年一二月
一九一四年廃止
大連図書館
一九一四年一月竣工
一九二九年七月
満鉄より一時独立、財団法人化
地質調査所
一九一九年二月
獣疫研究所
一九二五年一〇月
農事試験所
一九一八年一月
一九二七年一一月廃止
情報課
一九二七年四月
経済調査会
一九三二年一月
資料課
一九三二年一二月
満蒙物資参考館
一九二六年三月
上海事務所調査課
一九三六年一〇月
北支経済調査所
一九三五年一一月
北満経済調査所
一九三五年三月
満洲資源館
一九三二年一二月
一九三七年一二月
満洲国に移管
産業部
一九三六年一〇月
調査部
一九三八年四月
北支事務局
一九三七年八月
一九三九年八月
東京支社に吸収される
調査部
1939年4月
調査局
1943年5月
1945年8月消滅

出典　野々村一雄『回想 満鉄調査部』、1986年を修正

激に興奮しつつ文字通り命を的に懸命に働いた。然《しか》し社員の活躍舞台は実に乱暴不整頓なもので大戦後のすさんだ気分と未開地の荒涼とが四方に漲《みなぎ》つて居た」（満鉄弘報課『満鉄と調査』）というのが実態だった。

経済調査班がおこなったのは、当初は満蒙の一般産業調査であったが、しだいに調査地域がシベリア、ロシアに及び、調査対象も財政、インフラから地理まで網羅した。主任の森茂は東京専門学校（現早稲田大学）、二松学舎で学び、上海東亜同文書院で教鞭をとった後、創立直後の満鉄調査部に就職したという経歴の人物だった。

台湾時代に後藤がもっとも重視したのが旧慣調査だが、旧慣調査班はわずか三人で広大な中国東北をカバーしなければならなかった。主任の宮内季子《きし》は京都帝国大学卒。臨時台湾旧慣調査会を経て、満鉄調査部入りをしている。彼の妻は岡松参太郎の姪である。少人数でありながら、満洲の土地現行法を調査して『満洲旧慣調査報告書』全九巻を出版している。

ロシア調査班の主任は、東京外国語学校中退、日露戦争前後にロシアで調査活動に従事した経験をもつ森御蔭《みかげ》で、ロシア班は彼による一連の北満洲、シベリア調査報告書を出版した。

統計班もこの時期から、『南満洲鉄道株式会社　統計年報』『南満洲鉄道株式会社社営業一斑』を出版し、満洲・中国各地主要港の輸出入状況調査を一九一七年から『北支那貿易年報』として出版しはじめた。

東亜経済調査局と満洲及朝鮮歴史地理調査部

後藤新平と岡松参太郎の発想で発足した調査機関の一つに、一九〇八年一一月にスタートした東亜経済調査局がある。

事務所は大連ではなく、満鉄東京支社内に置かれ、情報の収集、整理、発信を担当した。後藤のブレーンだった岡松参太郎が欧州に赴いて調査機関を訪問し、ダンチヒ工科大学教授チース博士をスカウトしてこの機関の業務を指揮監督させたことは、多くの書物の指摘するところである。もっとも、この東亜経済調査局の初代局長が岡松参太郎だと記述している書物も多いが、それは誤りで、岡松は同局の「総指揮」はしたが、局長というポストではなかった（科研補助研究成果報告書・浅古弘『岡松参太郎の学問と政策提言に関する研究』）。

ところで東亜経済調査局というと、チース博士が導入したカード式資料分類法が有名である。多くの事務員を投入しての整理作業だったというが、もっともこの整理法は便利で活用できたという意見と、検索が煩雑でほとんど利用できなかったという意見に分かれている。この東亜経済調査局は、情報発信もおこなっていたが、最初から欧米を意識していたことは、その設立趣意書が日本語以外に英語とフランス語で発表されたことに現われている。

満鉄がその調査活動の一環として、〇八年一月に満洲及朝鮮歴史地理調査部（歴・地調査部）を置いたことも興味深い。これも東亜経済調査局と同じように満鉄東京支社内に置かれていた。責任者は東京帝国大学文科大学教授の白鳥庫吉だった。

白鳥庫吉は、明治から昭和初期を代表する東洋史学者であり、多くの優秀な後進を育てたことでも知られている。彼は欧州留学時に当地で盛んだった東洋史学に刺激され、帰国後に後藤のバックアップで歴・地調査部ができた。したがって、この調査部の誕生は、満鉄の必要からというよりは、多分に白鳥と後藤とのつながりからきていた。

白鳥以下、ここに集まった面々はいずれもその後、アカデミズムで名を残した。松井等《ひとし》は国学院大学教授、稲葉岩吉は朝鮮総督府朝鮮史編集主任、箭内亙《やないわたり》、池内宏はともに東京帝国大学教授、津田左右吉《そうきち》は早稲田大学教授のポジションを得ている。いずれも歴・地調査部の研究があずかって大きかった。五年間で二万円、年間経費四〇〇〇円を白鳥以下六人で使ったというが、一人あたり年間約七〇〇円という計算になる。当時の銀行員の初任給が三五円だったというから、彼らの二〇ヵ月分の給料というこ とになる（週刊朝日編『値段史年表』）。古書店の倉庫いっぱいの書物を丸ごと買い取ったとか、白鳥庫吉が一万や二万の金はどこからでも出ると豪語していた、というエピソードも残されている。

彼らの研究は、たしかに基礎研究としては重要だっただろうが、満鉄の活動にどれだけ寄与したかとなれば、疑問が残る。後藤の方針を継いだ中村是公が二代目総裁に就任したまではよかったが、野村龍太郎が総裁に、伊藤大八が副総裁に就任すると整理の対象となって、一九一四年廃止され、東京帝国大学文科大学に移管されることとなる。

中央試験所と地質調査所

満鉄の調査機関を形成している一つとして、中央試験所と地質調査所も忘れてはならない。

中央試験所は、一九〇七年一〇月に設立されたものだが（実際の業務開始は翌〇八年七月）、当初は関東都督府《ととくふ》に所属していた。これも当時、関東都督府顧問をしていた後藤の意向が強く働いていた。

初代所長は「薬学界の明星」といわれた慶松勝左衛門《けいまつしょうざえもん》で、後藤の友人である北里柴三郎の推薦を受けてこの席についた。当初は検査を業務とした小規模なものであったが、旺盛な工業の発展に業務をあわせるため、一九一〇年五月に満鉄に移管されて総裁直属の機関となり、同時に機構も分析・製造化学・製糸染織・窯業・醸造・衛生化学・電気化学・庶務の八部に拡大された。新たな所長には東京工業試験所長の高山甚太郎が就任した。高山は「化学界の最長老」と称された人物だが、彼もまた北里の推薦による中央試験所入りだった。

中央試験所は、付属工場を持っており、これを使って工業化を手がけ、成算のあるものについては企業化した。たとえば豆油製造場や脂肪酸工場は、工業化の見通しがたったため、一九一五年九月に経営の一切を鈴木商店に譲渡している。

一方、地質調査所の前身は、満鉄創立当初、鉱業部内に置かれていた地質課にある。この課の主な仕事は撫順炭鉱の地質調査をおこなうことにあり、したがって事務所も満鉄創業直後の一九〇七年五月から同年一〇月までは、撫順炭鉱内に置かれていたが、同年一〇月に撫順炭鉱の地質調査がひとまず完了すると、事務所を大連の児玉町に移し、満洲全域さらには東部蒙古方面の鉱産地の調査、満洲南部の組織的地質調査に着手した。

こうした調査の拡張過程で、事務所も大連児玉町から一九〇九年二月に本社内へ、同年一一月に伏見台の中央試験所内に、一四年八月に児玉町へとめまぐるしい移転を繰り返している。名称も一九一〇年四月に地質研究所へと変更した。地質研究所のその後のリサーチは多岐にわたるが、鞍山《あんざん》一帯の鉄鉱調査、大石橋《だいせききょう》・海城《かいじょう》地域での菱苦土鉱《マグネサイト》、滑石鉱調査など広汎な地域での満洲の鉱産資源調査がおこなわれた。

満鉄調査部の低迷

後藤新平が総裁のポジションにいたのは一年八ヵ月である。後藤の台湾時代からの盟友で、彼の構想を踏襲した第二代総裁・中村是公の在任期間五年を入れても、その期間は六年八ヵ月にすぎない。後藤が満鉄を去った後の調査部は、サポーターを失ったかのように力を減じて部から課へと降格され、リストラの対象となっていった（以降、調査部は幾多の機構変遷のなかで名称が変更されるが、本書では原則として調査部に統一して記述している）。

その活動も記録に残らない情報活動のほか、いくつかの注目すべきものをのぞいては華々しさに程遠い。

そんななかで安奉線改修問題での土地買収に旧慣調査活動が活用された例は、調査部の活動を際立たせた一例だったといえようか。安奉線とは、朝鮮半島のつけ根、中国東北と接する朝鮮半島の北端、新義州と鴨緑江を挟んで向かい合う安東と、奉天（現在の瀋陽）を結ぶ鉄道のことで、当時は軍事用の軽便鉄道だった。満鉄は、これを標準軌間の鉄道に変えようとしたのである。しかし、これには難問が控えていた。一つは改修には清国の了解が必要なこと、今一つは土地買収の困難さである。この事業は、一九〇九年八月から着工されるが、清国との交渉では岡松参太郎が法律家の視点でアドバイスを与えた書簡が岡松文書のなかに残されている（科研補助研究成果報告書・浅古弘『岡松参太郎の学問と政策提言に関する研究』）。

また土地買収では、台湾旧慣調査を経験し、満鉄調査部で旧慣調査を担当した面々が、急遽、奉天・安東間の土地慣習を調査し、買収工作の手引きのようなものを作成している。こうした事例をのぞけば、調査部はしだいにその活動を弱め、低迷していくこととなる。したがって、満鉄調査部の活動は一九一〇年代半ばにして一応その役割を終了したと考えられる。後藤・岡松が構想した満洲の安定と領土の保全、そのための調査活動はその課題の一時的実現によって一応の役割を終了するのである。

2　ロシア革命と満鉄調査部

ロシア革命の衝撃

低迷していた調査部が息を吹き返すきっかけになったのは、第一次大戦さなかの一九一七年に勃発したロシア革命と社会主義国家ソ連の誕生だった。

日本政府は、ロシア革命の進展に最初から深い関心を寄せていた。革命進展の情報は逐次ペトルスブルグの内田康哉《やすや》駐露大使や、ロシアに派遣された満鉄理事川上俊彦《としつね》から本国へ伝えられていた。革命の渦中に身を置いていた二人からの報告は、かなり正確にロシア革命の実態を本国に伝えていたといえる。

しかし、報告を受けた政府首脳の面々は、ロシア革命そのものよりは、シベリア情勢やそこへの出兵に多くの注意をむけていた。彼らは、第一次世界大戦とロシア革命がもたらした世界の軍事的均衡の変化に着目し、それを利用して勢力拡張の機会をつかむことに最大の注意を払っていたのである。

ロシア革命の勃発は、満鉄調査部の活動にも大きな影響を与えた。満鉄は理事の川上俊彦をロシアに派遣したように、隣国ロシアの政治動向に深い関心をむけていた。

陸続きで国境を接する社会主義国ソ連の出現は、満鉄の存立そのものに大きな脅威となるだけでなく、領土拡張をめざすシベリア出兵の影響が、満鉄のソ連、北満研究を大いに刺激する結果となった。ソ連調査が満鉄調査部の至上命令となり、一国策会社から国家自体の存立をめぐる重要問題にクローズアップされる。

さっそく一九二三年の職制改正により、それまでの哈爾濱《ハルビン》公所は哈爾濱事務所に改称され、新たに調査課が新設された。その主要な任務は「北満洲及びこれに接壌する極東露領の基本調査」だった。満鉄は革命の勃発によるロシアの崩壊と政治的動揺を、北満からシベリアへ勢力拡張を図る絶好の機会と考え、その拠点として哈爾濱事務所を開設したのである。

ロシア文献の購入と出版

さらに満鉄はその調査活動の一環として、革命後の混乱のなかで大量のロシア関係資料の収集をおこなった。一九二〇年代で特筆すべきことの一つは、哈爾濱事務所を通じてザバイカル軍管区にあったオゾ図書館の蔵書二万冊を入手したことであろう。購入した後で精査してみると、そのなかには旧ロシアおよび中央アジアに関する貴重資料約四〇〇〇冊が含まれていたという。

くわえて、一九二三年九月から一二月までの四ヵ月間、満鉄総務部は調査課ロシア係主任であった宮崎正義を中心としてソ連を訪問し、各地を旅行すると同時に資料収集をおこなっている。名目はモスクワで開催された全露農産博覧会への出品委員としての訪問であったが、それはあくまでも口実で、真の目的はロシア革命後の実状視察と情報収集にあったと思われる。実際、宮崎はこの訪ソで、一〇〇〇冊以上のロシア語資料を収集し、帰国後にそれを活用して大阪毎日新聞社からソ連の紹介本を出版している。出版のいきさつを『毎日新聞百年史』は次のように語っている。

「(一九二五年)二月、大毎(引用者注・大阪毎日新聞)本紙一万五千号の記念事業の一つとして『労農露国研究叢書』が刊行された。南満州鉄道会社が、オゾ図書館の蔵書二万余を購入、さらに露国文献三万余を集めて調査研究したもので、編集は満鉄調査課が行なった。引続き『露亜経済調査叢書』が出版された。この出版は以降、昭和五年まで続くが、前者は六冊で、露国の政治、経済はじめ全般にわたる研究報告であり、後者は、特に極東地区の経済事情の研究で『露欧極東の農業と植民問題』『外蒙共和国』『満州植物誌』など五十数冊に及ぶ。また当時、他社に先がけて布施勝治、黒田乙吉を派遣し、深い関心を示していたため、わが社には露西亜《ロシア》関係の出版が多く、アジア研究に伝統的の強さを持っていた」

文中に出てくる布施勝治、黒田乙吉はともに大阪毎日新聞社の記者で、布施は革命直後のロシアに入り、『労農露国より帰りて』（一九二一年）を上梓してベストセラーを生み、黒田も『悩める露西亜』（一九二〇年）をものしている。当時、ロシアものは一種のブームで、大阪毎日新聞社は彼らを擁して、ロシア研究物の出版で名をあげたのである。

満鉄調査部のロシア研究

革命勃発時における、満鉄のロシア調査の成果をざっと見てみよう。

当時、ロシア調査の中心人物は森御蔭であったが、彼は『東露ニ於ケル時局ノ真相』（一九一八年）という小冊子のなかで、第一次世界大戦中のシベリアでのチェコ軍の動きやボルシェヴィキのシベリアでの活動、「過激派」と称された彼らの動向に言及しているし、庄司鐘五郎も『「オムスク」市と「オムスク」政府』（一九一九年）のなかで、シベリアでの反ボルシェヴィキの動きを詳細に伝えている。

また一九二二年になると、小林九郎が『露領沿海地方及北樺太』、宮崎正義が『近代露支関係の研究』を出している。

宮崎正義は一九一七年五月にペトルスブルグ大学政治経済学部を卒業、その年の七月には満鉄運輸部に就職、二三年五月に総務部で調査課ロシア係主任に命ぜられ、前述したように同年九月訪ソしている。彼は一九年五月に満鉄総務部調査課の名で『時局ト東清鉄道』を出版したのにつづいて、『近代露支関係の研究』を出し、ロシア研究のスペシャリストとしての頭角を現わしはじめていた。

東亜経済調査局もソ連調査をおこなっていた。同局が出版していた『経済資料』の第四巻（一九一八年四月）は、巻頭論文に「露国産業革命論」を掲げ、ロシア革命を「大規模にして且つ複雑なる現象は人類の経過し来たれる歴史中初めて発見せる事件」で「到底仏国革命等の比に非ざるべし」と称し、この革命が成功したのは、ひとえに「無教育にして利己心に富たる温良農民及労働者が、飢と寒気（Golodnoi Kholodno）とに耐ゆる能《あた》はざるに至れるが為なり」とし、ロシア資本主義の発展の特殊性にその原因を求めていた。

ロシアは急速な資本主義発展を遂げたが、その発展は極度に畸形的で、中産階級（中企業者）を欠いた資本家と労働者の剝《む》き出しの衝突であり、その結果として極端に破壊的な衝突がもたらされたというのである。ロシア革命は、ロシアの特殊現象だとする見解であるが、その後もこうしたロシア革命観が満鉄調査部を支配することとなる。

このほか、『経済資料』第五巻（一九一九年）には「露国の外債破棄と債権諸国の対策」「露国の農政問題」「露西亜ソヴィエト共和国の財政及び経済的地位」が、第六巻（一九二〇年）には、「露国ソヴィエト政府の農業政策」が論じられている。この間、東亜経済調査局はロシア革命後のソ連社会の実状に関して欧米資料を中心に、独自のネットワークも加味してかなり詳細にフォローしていた。

当時、日本の著名な社会運動家、たとえば荒畑寒村がロシア革命の何たるかを皆目わからず、「労農社会が誕生した」と、ただただ感動して「夢」を語り（『寒村自伝』）、おなじく社会主義者の山川均が「涙が出て話ができなかった」（『社会主義への道は一つではない』）と記しているのと比較すると、東亜経済調査局や満鉄調査部のロシア革命認識は大戦中で情報が入りにくいという限界があったとはいえ、ロシア語や外国語文献を扱いなれていることから正確であった。

ロシア・ウォッチャー、宮崎正義

こうして満鉄調査部はしだいにソ連研究の中枢となっていく。一九二三年四月の職制改正で哈爾濱公所は哈爾濱事務所に改称されたことは前述したが、改称以来『哈調資料』『哈事資料』『哈運資料』の発行に着手した。哈爾濱事務所は発足以降、初年度だけで一三冊の小冊子を発行し、『哈調資料』は二八年までに合計五八冊の資料集を出版している。

内容の多くはソ連そのものというよりはシベリア地方のソ連動向であった。哈爾濱事務所は二六年以降は七冊の『哈事資料』を出版し、同運輸課も二八年以降『哈運資料』と呼ばれる鉄道関係の年報を出版している。これらはいずれもロシア語の翻訳資料を中心としていた。

しかし、一九二〇年代の満鉄調査部のロシア研究を代表するものは、前述した宮崎正義らが具体化したロシア研究叢書の出版であろう。調査課は一九二四年から二六年までに『露文翻訳労農露国調査資料』三六編を、『露文翻訳調査資料』一二冊を二五年までに出版している。また、一九二六年以降、三二年までに『露亜経済調査叢書』九〇冊、一九二五年以降『労農露国研究叢書』六巻を大阪毎日新聞社から出版している。翻訳が主体ではあるが、まさにロシア本の出版ラッシュを演出したのである。

この結果、満鉄調査部はロシア研究の本拠地としての地位を獲得した。当時、革命後のロシアブームに乗って、満鉄調査部は時代の最先端を走った。

この時期、宮崎正義は頻繁に日本に戻り、大阪毎日新聞社と出版について打ち合わせをおこなっている。宮崎が残した「内地出張日記」でその間の雰囲気を垣間見てみることとしよう。一九二七年の項には次のように記述されている。

「一〇月二一日（午前晴、午後曇り、稍《やや》むし暑し）

朝八時半起床。一〇時大毎社訪問、小倉、市川両氏と会見、当方申出の原案通り契約書作成に賛成、様々話す。小倉の例の如き調子、兎《と》に角《かく》愉快でない男である。兎に角、当方から何一つ言質《げんち》を与へぬ事とし、従前の如く継続することにしたのは先《ま》づ成功といへよう」

交渉の結果はともかく、その過程で何か不愉快なことがあったらしく、詳細なことは不明だが、不機嫌な論調が日記を覆っている。当時ソ連に関してほとんど文献らしい文献がなかった時代に一〇〇冊を超えるシリーズの出版をおこなうわけだから、いろいろなトラブルが生じたであろうことは想像にかたくない。

しかし、この出版の結果、満鉄はロシア問題の権威ある機関としてその名を高めたし、またそれを指導した宮崎も、ロシア・ウォッチャーとして名声を高めた。また、大阪毎日新聞社も満鉄が収集した貴重な資料の出版元となることで言論界に重きをなしたのである。

また、調査部ならずとも多くの満鉄社員がソ連に関心を抱いていた。たとえば、満鉄最後の総裁となった山崎元幹《もとき》は、一九一六年に東京帝国大学法科大学政治学科を卒業し、直ちに満鉄に入社して総務部交渉局第一課に勤務したが、一八年一月には職制改正で総務部文書課に移り、この間ロシア革命に直面して、「入社早々ロシア人に就《つい》てロシア語の勉強を始め」た（満鉄会編『満鉄最後の総裁山崎元幹』）という。

有能な人材の入社

ロシアブームもあずかってか、ロシア革命と前後して帝大出の優秀な人材が満鉄調査部に結集してくる。その学歴を見ると、一九一〇年代末を境に大きく変わってきていることがわかる。

大戦前は、東亜同文書院や東京外国語学校の出身者が多かった。たとえば天海謙三郎（一九〇八年入社）は東亜同文書院、小林九郎（同一九一〇年）は東京外国語学校出身といった具合である。一時、ロシア班を引っ張った森御蔭も小林同様、東京外国語学校出身である。ところが、一九一八年以降になると大川周明（同一九一八年）、嘉治隆一（同一九一九年）、笠木良明（同一九一九年）、佐野学（同一九一九年）など、帝国大学卒業者が増加する。

大川周明は、東京帝大時代にはインド哲学を専攻、インド研究で後藤に認められて頭角をあらわし、その後大正・昭和を通じた日本ファシズム運動の理論的指導者となる人物だし、佐野学はその逆で、東京帝大時代は新人会の有力メンバーで、一九一九年に調査部入りをし、その後早稲田大学講師時代に日本共産党に入党、三三年に転向声明を出すまで、その最高指導者として活動した。

東京帝大の卒業生が満鉄調査部入りをする理由は、前述したような大戦後のロシア革命に象徴される社会主義の影響で、折から東京帝大に誕生した新人会のメンバーの多くが調査部入りしたことが大きかったのだろう。

調査部員だった伊藤武雄の『満鉄に生きて』によれば、佐野学などはその典型で、彼の誘いや影響で調査部入りをした東京帝大卒は多かったという。かくいう伊藤自身も佐野の影響を受けた一人で、一九二〇年には東京帝大卒業と同時に満鉄調査部に入社している。もっとも彼らのなかには、大川周明が後に結成する右翼の主流団体、行地社《ぎようちしや》に行く笠木良明なども含まれていたわけだから、思想的には左右両派を含んで、時代の最先端を満鉄調査部は走っていたのである。もう一つ付け加えれば、不景気のなかで、高給で待遇も良い満鉄調査部は帝国大学卒業者の格好の就職先であったことがあげられる。

新入社員のデビューは意外と早く到来した。彼らは一九二一年から二三年にかけて満蒙文化協会から出版された『満蒙全書』の執筆陣に駆り出されたのである。全七巻のうち最後の第七巻を除けば、ほかはいずれも一〇〇〇ページを超える大部なもので、地理からはじまり人口、気象、風俗、宗教、経済、政治、軍事、産業、交通、法制、移民と多岐にわたる満蒙事情を紹介した、文字通りの「全書」（エンサイクロペディア・百科事典）であった。

執筆陣を見ると伊藤武雄、野中時雄、竹内虎治、安盛松之助、高久肇といった名前が散見される。彼らの多くはやがて満鉄調査部を担う人材に成長するが、この当時は入社したての新人だった。伊藤の場合にはいきなり軍事の項目の執筆を言い渡されて、実のところ当惑したと述懐しているし、野中は担当の農業編以外に畜産編を任され、さらにまったく専門と異なる気象の項目の執筆を言い渡されたと回想している。事典の編集では書き手の見つからぬ項目で、さして重要でないものを若手に割りふることはめずらしくないが、彼ら新人たちもこうした穴埋めに投入されたのである。しかし、一九二〇年代初頭に『満蒙全書』を出版できたことは、満鉄調査部が満蒙研究の第一人者であることを世に知らしめる結果となり、前述したソ連研究とあわせて日本を代表する研究機関へと成長したことを示したのである。

い。

中国のナショナリズムに対して

満鉄調査部は満蒙とソ連研究にのみ集中していたのか、といえば決してそうではない。

ロシア革命は中国のナショナリズムを刺激し、中国は新しい時代を迎えた。一九一一年の辛亥革命の烽火は一九一九年五月の五・四運動となり、その年の一〇月には中国国民党が誕生する。二年後の一九二一年七月には中国共産党が結成され、創立大会が開かれている。

軍閥抗争の動きの基底で、中国統一を目指すうねりが広がりはじめていた。一九二五年五月には上海の共同租界に入ったデモ隊にイギリス警官が発砲し、死者を出す五・三〇事件が発生、これを契機に中国各地で反帝国主義運動が拡大した。

さらにこの年の六月、香港労働者のストライキが広がりを見せ、満鉄調査部の調査対象は、大戦後の中国ナショナリズムの動向にむけられ、調査領域も中国関内（長城線以南）へと拡大した。一九一八年には北京に駐在事務所の北京公所が開設され、二四年五月、伊藤武雄の手で『北京満鉄月報』が創刊される。伊藤は、折から盛り上がりを見せた二二年の第一次香港ストライキ、開灤《かいらん》炭鉱ストライキ、二三年の京漢《けいかん》線（北京―漢口）ストライキ、そして二五年の五・三〇事件とそれに続く第二次香港ストライキをつぶさに観察しながら、中国共産党の指導者・李大釗《りだいしょう》、劉少奇らと交流した。さらに中江兆民の長男で、北京で中国の歴史を研究するかたわら日中両国に太い人脈をもっていた中江丑吉《うしきち》や、彼のもとで中国労働運動や共産主義運動を研究していた鈴江言一《げんいち》らとの交友関係を広げていった。こうした動きは発刊した『北京満鉄月報』の各号で取りあげられた。

第二章　国益と社益の間で

1　採算と社業重視の調査活動

経営の拡大

第一次大戦後の大きな変化は満鉄の経営の拡大だった。一九一〇年代の安奉線、吉長線（吉林―長春）、四洮線（四平―洮南《とうなん》）の建設につづき、一七年以降は朝鮮鉄道を任され、二五年に再びその管理を朝鮮総督府に戻すまでの七年半、その経営を担当した。二〇年代には新たに洮昂線、吉敦線が建設された。洮昂線は洮南と昂々渓《こうこうけい》をつなぐ鉄道であり、吉敦線は吉林と敦化《とんか》を結ぶ鉄道で、吉林から敦化を経て朝鮮北部の会寧にいたる吉会線の一部だった。洮昂線の昂々渓は斉々哈爾《チチハル》に近く、東支鉄道とクロスするため東支鉄道に打撃を与える意味合いをもっていた。

ロシアが北満に敷設した東支鉄道は一七年のロシア革命で打撃を受け、一時経営難におちいっていたが、二〇年代になると経営を持ち直しはじめていた。満鉄はこれに打撃を与え、張作霖政権と連携して一挙にソ連を北満から一掃し、満蒙での日本の利権を確立する狙いを秘めていた。またこの時期、張作霖側でも鉄道建設熱が高まり、自弁鉄道が建設されている。

第一次大戦前、営口水道電気など六社を数えるにすぎなかった社外投資は大戦を経過するなかで増加し、新たに大連汽船など二六社を数え、これらの企業は二〇年代から三〇年代にかけて満鉄傘下でコンツェルン化していった。

収益も鉄道と鉱山を中心に増え、利益率も急上昇して配当率も引き上げられた。高収益を生み出した二大部門の一つ、鉄道収入を支えたのは石炭と大豆の輸送だった。いま一つの鉱山収入の中心は撫順炭鉱で、ここからの石炭販売が鉱山収入の軸となった。鉄道や鉱山に対する巨額の設備投資と高い生産性がこうした収益を生み出したことは疑いないが、くわえて現業を中心に配置された中国人従業員の低賃金が、この高収益の源泉となった。こうした収益が満鉄調査部の活動を支え、日本人従業員の豊かな生活を支える財政基盤となったのである。

政党主導の満鉄経営へ

この間、日本の政治の主流は、後藤新平や中村是公を支えた「長州閥」から政友会へと移りはじめていた。満鉄の監督権もその時々の政治状況で左右され、後藤や中村時代の理事の政友会系の人物への交代が進められた。

一九一三年二月、長州閥の桂太郎内閣から政友会を与党とする山本権兵衛内閣に政権が交代すると、中村是公は同年一二月に解任され、鉄道院副総裁野村龍太郎が総裁に、政友会の伊藤大八が副総裁に就任した。彼らは犬塚信太郎をのぞいて理事を政友会系の人物に交代させ、職制改革を推し進めた。残った犬塚と野村、伊藤の対立は大きく、一四年三月山本内閣が総辞職し、四月に立憲同志会（憲政会の前身）を与党とする第二次大隈重信内閣が登場すると、喧嘩両成敗のかたちで三者辞職し、代りに中村雄次郎が総裁の座についた。彼は一七年七月に副総裁の国沢新兵衛に総裁の座を譲って関東都督に就任した。

一八年九月、長州閥の寺内正毅《まさたけ》内閣が総辞職し、政友会の原敬内閣が誕生すると、原は野村龍太郎を再び社長に、中西清一《せいいち》を副社長にして、満鉄職制改正政策を推し進めた。野村と中西主導の機構改革に反発した山田潤二庶務課長は、中西と政友会の森恪《つとむ》が満鉄と不当契約を結んで選挙資金の捻出を図ったという内部告発を新聞に発表、野党憲政会の攻撃も加わって野村、中西は辞職し、早川千吉郎、松本烝治が後を継いだ。

その後、満鉄の社長は早川から川村竹治《たけじ》を経て安広伴一郎《やすひろともいちろう》、山本条太郎とつないでいる。就任期間も早川、川村が在任期間が二年足らずと短いのに、安広は二四年六月から二七年七月と任期をまっとうしている。

トップの名称も、国沢の時に総裁から理事長に、次の野村の時に社長に変更した。野村、早川、川村、安広、山本の五代は社長と呼ばれたが、国策的事業をおこなうのに社長という名称は相応《ふさわ》しくないという理由から、山本社長の末期に創立期の総裁という名称に再び戻った。

関東軍の誕生

原敬内閣以降政党政治の満鉄経営が展開されると同時に、一九一九年原敬内閣主導で関東軍が誕生する。

日露戦後しばらく続いた占領地軍政が一九〇六年に関東都督府が設置されることで民政に転換された。また、ポーツマス条約により満鉄沿線に鉄道守備隊が置かれることとなった。しかし一九一九年になると、関東都督府はその軍事部門が関東軍として分離独立し、民政を実施する専門機関として関東庁が設立された。

一九一九年四月に誕生した関東軍は、当初は鉄道沿線を警備する独立守備隊六個大隊と日本から派遣される駐箚《ちゅうさつ》一個師団から編成されていた。〇九年に設置された独立守備隊は、当初は予備役・後備役の志願兵によって編成されていたが、一六年から現役兵から編成されることとなり、さらに二七年からは現地入隊となった。また、宇垣軍縮が実施された二五年に独立守備隊は六大隊編成から四大隊編成に縮小されたが、二九年には元の六大隊編成に戻された。

一九二〇年代中国革命運動の動きが高揚し始めると、関東軍はこれに抗した動きを積極化させ、その影響が中国東北に及ぶことを阻止するために一九二八年六月には蔣介石の北伐軍に敗れて奉天に帰還する途中の張作霖座乗の列車を爆破してその混乱の中で東北直接占領の暴挙を企てるに至る（張作霖爆殺事件）。こうして、関東軍は次第に奉天軍閥を排除して満洲直接占領計画を具体化するようになる。

山本条太郎と松岡洋右

山本条太郎が満鉄社長に就任したのは、一九二七年七月のことである。

彼は三井物産出身で、三三歳の時に国際商戦の激戦地、上海の支店長に抜擢された。帰国すると三井系の工場、鉱山の経営を任され、三井の重鎮の座を手中に収めていく。一九二〇年、政友会から衆議院選挙に立候補して当選、その後政界でしだいに重きをなし、一九二七年には政友会の幹事長に登りつめた。同年、田中義一政友会内閣が発足すると、二代前の加藤高明憲政会内閣時代に任命された満鉄社長の安広伴一郎は更迭され、山本が社長に就任することになった。

山本条太郎の満鉄社長就任にともない、副社長には松岡洋右《ようすけ》がついた。以降、山本・松岡のコンビによる満鉄経営が開始された。

山本は政友会の幹事長として、「産業立国策」を掲げ、人口問題、食糧問題、金融恐慌・失業問題の解決を主張、そのため「満蒙分離」を前提に満洲の鉄道網の拡充による満洲開発の促進を強調した。また満洲を農業、鉱工業および移民受け入れ地とするため満鉄を活用する方針をとり、「大満鉄主義」「満鉄第一主義」を掲げ、権力の集中化を図った。この方針を実現するために山本は腹心の松岡洋右を副社長に据えて経営に乗りだしたのである。

他方、松岡はアメリカのオレゴン州立大学を卒業後、外務省入りしたが、首席で外交官試験に合格した彼は、赴任地の上海で山本条太郎と邂逅し、意気投合したといわれる。

山本条太郎の経営理念

山本は満鉄社長の座につくと、鉄道部門の充実を目指して新線建設問題に着手する。満鉄の幹線から支線を延ばす新線の建設には東北を支配していた奉天軍閥の雄、張作霖の許可が必要になる。山本は松岡と計らって、懸案の満鉄敷設問題を具体化するため、吉敦延長線（吉会線）、長大（長春―大賚《だいらい》）、吉五（吉林―五常）、洮索（洮南―索倫《ソロン》）、延海（延吉―海林）の五線の建設問題に関して、就任早々の二七年一〇月に張作霖を訪問し、この問題を切り出している。

さらに山本は製鉄、製油、肥料の三大プロジェクトを推進した。製鉄では鞍山製鉄所の拡充を、製油では撫順炭鉱での油母頁岩《ゆぼけつがん》を利用した石油製造を、そして肥料産業では鞍山製鉄所での副産物を利用した窒素肥料の生産を目指した。鉄、石油、化学肥料はいずれも当時の日本が自給を熱望した重要資源だったが、これらを満洲は持っていた。山本は国策的視点からこの大々的な開発を目論んだのである。

もっとも彼は国策事業的なものだからといって、採算を度外視しても推進してよいとは考えていなかった。逆に彼はコストの削減を最重要課題にすえた。たとえば鞍山製鉄所の拡充にしても、山本はそれまで赤字続きだったこの製鉄所を視察し、事務部門の人員削減から諸経費の節約まで、責任者に広範囲に及ぶコスト削減を命じた。山本はこれにとどまらず、鞍山製鉄所を満鉄から切り離し、製鉄所の位置そのものを鞍山から立地条件のよい朝鮮の新義州に移転させる計画を立てた。そのほうが対日輸出では銑鉄輸出税は免除されるし、日本に近い分輸送コストは削減できる。

この計画は鞍山住民をパニックに陥れた。移転は鞍山の住民の死活問題だからである。しかしこの問題は張作霖爆殺事件の責任をとって政友会田中内閣が総辞職し、代わって民政党浜口雄幸《おさち》内閣が登場すると山本が満鉄社長を辞任したため、うやむやのうちに雲散霧消していく。

ともあれ、二九年七月に彼が満鉄を去る際におこなった演説によれば、彼が在任中に節約した経費は六〇〇万円以上におよび、このとき一〇〇〇万円以上の実質的利益をあげたという。当時の大卒の初任給が七〇円前後といわれているから、現在（二〇〇五年）のそれを一七万円と仮定すれば、山本が節約した経費は現在額で一四六億円、あげた実質的利益は二四三億円ということになる。彼の経営者としての辣腕ぶりを示すエピソードの一つである（『山本条太郎論策』二）。

臨時経済調査委員会

山本は、こうした一連の政策を実現するために新たに臨時経済調査委員会をつくり、ここに実際の立案にかかわる調査を委託することとなる。従来の調査部と並存して設置された臨時経済調査委員会はより実践的な課題が求められた。

臨時経済調査委員会は一九二七年一一月、「臨時経済調査委員会規程」に基づき設立された。山本の社長就任が同年七月だから、就任後の引継ぎ、その他を考えれば比較的早い時期に発足したことになる。

まず、臨時経済調査委員会の内容を見ておこう。同規程によれば、「委員会ハ社長ニ直属」（第二条）し、「満蒙ノ経済事情ニ関シ会社各調査機関ノ未調査ニ懸ル事項ニシテ緊急調査ヲ要スルモノ」（同上）や「経済調査ノ基本タルヘキモノノ統計的調査」（同上）を目的とした。さらに「委員長及委員若干名ヲ以テ之ヲ組織ス」（第三条）としたうえで、「委員長及委員ハ社長之《これ》ヲ命ス」（同上）としていた。委員会は四部構成となっており、各部に幹事一名を置き、幹事は委員会の申請で社長が任命（第五条）、また委員会には委員長の申請で社長が任命する常務幹事が置かれ、庶務を担当することとなっていた（第六条）。

第一部は交通、港湾、工場、電気部門を担当したが、山本がもっとも力を入れた交通部門を含んだセクションである。作成された報告書は、『敦化哈爾濱間鉄道予定線踏査報告』『満鮮国境横断鉄道と終端港』『沙河口工場に於ける日華両工の能力比較』『大連港仲継貿易振興委員会報告書』など、六冊であった。

それぞれ満洲北東部から中朝国境へ抜ける鉄道敷設予定線の踏査、当時の満鉄の代表的汽車製造・修理工場である沙河口工場の労務実態調査や大連港振興計画など、興味深い課題を取り扱ったものである。満洲北東部地域に利権を伸ばしていこうという山本の構想からすれば、満鉄幹線を哈爾濱から東に敦化まで延ばす支線は重要であったし、さらにそこから中朝国境を横断して延びる鉄道の位置はいっそう重要だったといえよう。

第二部は、金融、満蒙牛、外商、特産輸送機関、大豆などの実業調査を担当した。印刷に付された報告書は三五編だが、主な調査対象は、『満洲大豆品質等級査定に関する調査』に代表される大豆等級調査と、『満蒙牛日本輸出に関する調査』に見られるような満洲特産輸出品の発掘と輸移出奨励だった。なかでも大豆輸出と大豆等級規格化は最重要課題で、これと関連した報告書が多数出された。

第三部は水田、林業、土地制度、畜産、鉱山・鉱物といった資源調査を主体にした調査活動であった。調査報告は『吉敦沿線水田候補地調査報告書』をはじめ一一編、吉敦沿線水田候補地調査に見られる各地水田調査、『吉林省ニ於ケル土地整理ニ関スル法律』『黒龍江省植民ニ関スル省単行土地法令』など、吉林省や黒龍江省での土地慣行調査、木材・無煙炭需給調査、羊毛・羊皮調査を含み多岐に及んでいた。

第四部は、華工、税制、国勢、物価といった労働、社会、地方事務を含む民勢調査を担当した。満鉄沿線各地の中国人労働者の実態調査、満鉄沿線日本人住民の家計調査、課税調査など各種社会調査がおこなわれた。

もっとも調査課題のなかには、沙河口工場における日華両工員の能力比較のように第一部に入れるのがいいのか、第四部のほうがよいのか判別しにくいものもあった。こうしたことが起こるのは、きちんとした区分けに基づく構想が最初からできていたわけではなく、とりあえず課題を決めて見切り発車をした結果ではなかろうかと思われる。

とりあえず委員会をつくって、あとで問題をつめていこうという動きは、委員の任命と構成のなかにも現われている。委員長兼第一部幹事には審査役の石川鉄雄、委員兼第二部幹事には興農部商工課の五十嵐保司、委員兼第三部幹事には哈爾濱事務所調査課長の佐藤貞次郎、委員兼第四部幹事には社長室情報課の石本憲治がそれぞれ任命された。

このほか、各部局から予備員が集められ、調査活動を補助した。第三部幹事の佐藤貞次郎が廃止された哈爾濱事務所調査課から転じてきたように、委員の多くは調査部の実務的知識や経験が豊富な者を引き抜いて構成されていた。

鉄道問題への取り組み

では、山本条太郎がもっとも力を入れた鉄道問題ではどのような成果が出されたのか。

山本が構想していた鉄道敷設交渉の眼目は、吉敦延長線（吉会線）、長大、吉五、洮索、延海の五線の敷設権を張作霖との交渉で獲得する点にあった。したがって、この鉄道に関する調査が臨時経済調査委員会に委ねられることとなった。

この問題を鉄道関連の調査資料である『敦化哈爾濱間鉄道予定線踏査報告』および『満鮮国境横断鉄道と終端港』の二つで見てみよう。

『敦化哈爾濱間鉄道予定線踏査報告』の敦化哈爾濱間の鉄道というのは、満蒙五鉄道のひとつである吉会線の一部から哈爾濱に延びる線路をいう。この地域の予定線の踏査は山本の五鉄道敷設計画と連動して重要な意味をもっていた。その意味では『満鮮国境横断鉄道と終端港』も同様であった。というのは、吉会線の延長は、中国東北と朝鮮との国境線にぶつかるわけで、海港に出る可能性を探ることは、吉会線の経済的価値を評価する上でも重要な点だったからである。また同委員会が調査した『吉敦沿線水田候補地調査報告書』も日本の食糧問題を解決し、あわせて吉会線の経済的価値を高めるためにも必要な作業であった。吉敦線が開通するならば、吉林省の三分の一、北海道に匹敵する地域の開発が可能となり、東に伸びて日本海に出口を得られる吉林省の経済的価値は飛躍的に上昇するというのである。

『吉林省ニ於ケル土地整理ニ関スル法律』も同様の意味をもっていた。将来の水田候補地を確保するためにも複雑な土地所有に関係した旧慣を調査しておくことは必須の前提であった。もっとも『吉林省ニ於ケル土地整理ニ関スル法律』は、そのタイトルにあるように法律の紹介にとどまって、その実態調査にまでは及んでいなかった。

大豆輸出問題と規格化

臨時経済調査委員会が重要な調査対象としたいま一つの課題が大豆輸出問題だった。満鉄の収益を創立以来一貫して支えていたのが大豆と石炭であったことを考えれば、山本が大豆に着目し、その輸出振興策を考えるのはけだし当然のことだったといえよう。ましてや一九二七年から二九年にかけては金融恐慌から世界恐慌にさしかかる時期であり、満鉄の収益が大きく揺らいでいた時であったから、山本がここに重点を置くのはごく自然のことだった。

臨時経済調査委員会が出した大豆関連報告書は、『満洲大豆品質等級査定に関する調査』『混保大豆規格調査』『大豆ニ関スル調査報告書』など五編をあげることができる。

なかでも重要視されたのは、大豆の質の等級を定めて標準化することによって、大豆の商品化、出回りを容易にすること、および大豆粕の日本への輸出増加を図ることであった。後者に関していえば、昭和期に入り硫安などの化学肥料が農村に普及したのにともなって、肥料としての大豆粕の需要が減少したため、報告書のなかでは大豆粕の肥料から家畜飼料への転換の可能性が検討されたのである。

しかしこの間に、一番重点が置かれたのは、前者の問題、つまり大豆の等級を設定し、標準化することであった。これは満鉄が実施していた大豆混合保管（混保）制度を拡大するためには不可欠の前提だった。大豆混合保管制度というのは、満鉄沿線の駅で大豆発送を依頼した者は、その際に、受けとった証券を持参さえすれば、送った大豆が到着していなくても、最終地大連に集積された大豆をもってこれに代え、所定の大豆を受けとれるという制度で、大連での混乱を避けスムーズに荷受を可能にするために一九二〇年から検討された制度である（山崎元幹・田村羊三『思い出の満鉄』）。

これを円滑に実施するには規格の統一が絶対の前提となる。これまでは、各駅ごとに出回りの時期に出回り高に応じて試料を採取して農事試験場に送り、標準品をつくってこれを査定会議にかけて決定していた。臨時経済調査委員会では、こうした煩雑さを省略し、より合理的な基準を求めて検討を開始したのである。

一九二九年三月に出された『満洲大豆品質等級査定に関する調査』では、大豆は種類が多く品種が混交して雑種が多いこと、また同じ大豆でも乾燥度が違えば出油率が大きく異なること、それゆえに産地別での大豆の品質等級の決定は非常に困難であると結論で述べていた。ところが三〇年二月に出された『混保大豆規格調査』になると、等級設定が困難な作業であることは認めつつも、まず黄、白眉、改良、黒、青の五種類の大豆に分割し、外観および完全粒・不完全粒の比率によってそれぞれ特等・一等・二等・三等に分割し、標準見本を設定し、これを基本に出回り大豆の等級の設定を試みたのである。そして輸移出の際、大連埠頭において検査証明書を発行しもって搬出の保証を試みようという提言だった。

大豆混合保管制度を編み出したという田村羊三が、戦後に「この制度を完成するのには、目で見ただけではいかん、規格を定め、水分はいくらとか油分または重量と容積の関係はどうとかという規定をつくらねばならないと主張してきましたが、とうとう実施にはいたりませんでした」（山崎元幹・田村羊三『思い出の満鉄』）と回想していることから判断すると、この臨時経済調査委員会の提言は実現しなかった。

満洲物産調査

臨時経済調査委員会は、満洲の物産調査にも多くのエネルギーを注いでいた。満洲特産の毛皮の生産、流通・取引、輸出状況、中国での毛皮取引市場の調査などはその一例である。また満洲に埋蔵されている無煙炭の商品価値を確定するため、日本や朝鮮での無煙炭需給状況を調査した報告書も作成された。同様の視点からおこなわれたものに、満鉄撫順炭の日本国内での販売状況を測定するため、その市場関係、用途などを調査したものもある。これと関連して、満鉄社内炭の満蒙での需給状況を調査するため満鉄沿線およびその奥地市場を踏査し、踏査地の官庁、工場、商家、農家について事情聴取をおこない、将来の満洲全域の満鉄社内炭需要増加予想を策定した調査書も作られた。さらには満洲の木材需要量と満洲各都市の木材需給、取引状況、価格などを調査した報告書も出された。

新製品の開拓も試みられた。たとえば満洲で豊富に産みだされる高粱《コウリヤン》の茎をパルプ・製紙工業原料に利用できないかを調べた調査や、満蒙牛を肉牛として日本市場に輸出できないかどうかを検討した調査もおこなわれた。そこには満蒙牛の一般的考察、輸出市場調査、大連を通じた輸出市場の趨勢、輸出採算、屠殺施設状況、冷蔵輸送機関、青島《せいとう》牛・朝鮮牛の日本輸出趨勢などが調査項目に盛り込まれた。満洲物産調査も、山本の強い要望を反映したものにほかならなかった。

臨時経済調査委員会の終焉

臨時経済調査委員会は、一九三〇年六月一四日の改正職制実施にともなって廃止される。その前年の二九年八月には、社長（総裁）の山本条太郎が副社長の松岡洋右とともにその座を降りていた。最初の報告書が完成するのが二八年一二月で、山本・松岡のコンビが辞任するまでに完成していた報告書はわずかに七編にすぎず、ほかは調査進行中であり、それらが完成して報告書となるのは彼らが辞任したあとのことであった。「出来上つた調査資料を活用する時期になつて両社長の更任を見其《そ》の抱負は具体化せられなかつた憾《うらみ》があつた」というのが『南満洲鉄道株式会社第三次十年史』の総括の弁である。しかし、既存の調査部を実践むきの新しい調査機関に変えるというアイデアは、満洲事変後に関東軍の立案部隊として満鉄経済調査会がつくられるなかに継承されることとなる。

2　満洲事変後の満鉄調査部

満洲事変

一九三一年九月一八日、満洲事変が勃発した。関東軍は満鉄の線路を爆破し、これを口実に張学良の軍事拠点である奉天の北大営（奉天軍閥の兵営）を奇襲した。日本から二八センチ砲を解体して持ち込み、これを組み立てて巨弾を北大営に撃ち込むなど、心理作戦を織りまぜた日本の攻撃で張学良軍は短期間に駆逐された。奉天軍閥の領袖、張学良が関東軍の攻撃に対して、蔣介石の指示にしたがい無抵抗を命じたことが、より一層日本軍の作戦行動を容易にした。張は、なぜ蔣介石が無抵抗を命じたかについて、日本軍があそこまでやるとは予想しておらず挑発しているのだと考えていた、と後に回想している（ＮＨＫ取材班・臼井勝美『張学良の昭和史最後の証言』）。

奉天を占領した関東軍は満鉄線路に沿って引きつづき兵を進め、短期間のうちに沿線地域を占領した。満鉄も関東軍部隊の輸送、戦死・戦傷者の搬送にはじまり、沿線情報の収集にいたるまで関東軍の軍事作戦に全面的に協力した。この効果もあって関東軍は短期間に作戦をスムーズに展開できた。こうした表面に出てこない満鉄の協力がなければ、関東軍の短期での武力による満洲占領はありえなかっただろう。事変の見通しがたった三二年一月四日、「昨年事変勃発以来我社一同が皇軍の活動援助の為身命を賭して各任務に尽瘁《じんすい》せられたるに対しては茲《ここ》に更《あらた》めて感謝の意を表す」（『満鉄社報』、原文はカタカナ）との総裁訓諭が発表されたことはそれを物語る。

関東軍は政府の不拡大方針を無視して次々と作戦を進行させた。九月後半には朝鮮軍が無断で国境を越えて吉林から北満へと向かい、一〇月には張学良が仮政府を置いた錦州を空爆し和平の動きを封じた。関東軍は、張学良から離反して関東軍に降《くだ》った張海鵬軍を使って黒龍江省の馬占山軍を攻撃させ、一一月には斉々哈爾《チチハル》、一二月には錦州、翌三二年一月には吉林を占領し、事変勃発四ヵ月で満洲の主要都市は関東軍の手に落ちた。

こうした事態にアメリカのスチムソン国務長官は抗議声明を発し、国際連盟も事態究明のためリットン調査団の派遣を決定した。英、米、仏、独、伊の五ヵ国代表からなる調査団は三二年四月に入満し、事件調査報告書を作成したが、その内容は、満洲事変は日本の自衛行動ではなく、満洲国は中国人の自発的意思に基づくものではないと結論づけていた（ハインリッヒ・シュネー『「満州国」見聞記』）。

当初、関東軍首脳は満洲直接占領を構想していたが、軍内部の反対もあってしだいに「独立国」を樹立する方向に進んでいった。関東軍は三二年一月から準備をはじめ、三月一日には建国宣言を発し、清朝最後の皇帝「ラスト・エンペラー」溥儀《ふぎ》を執政にすえて、「満洲国」を建国した。その際、長春を新京と改称して首都とし、年号を大同と定めた。同年九月一五日、日本は満洲国との間で日満議定書を取り交わし、満洲国を正式に承認することでリットン報告書を拒否する方向に歩を進めたのである。

満鉄経済調査会の誕生

満洲国が建国されると、関東軍には新しい任務が付与された。それは満洲国の指導監督である。満洲国はトップの執政溥儀を筆頭に行政機関の頂点は中国人が占めたが、必ず次席は関東軍と関連をもつ日本人が占め、その人物が実質的な権限をもって行政を運営する方式を採用した。また重要事項は関東軍の了承なくしては実行できない仕組みをつくりあげた。関東軍は単に軍事作戦だけでなく民政の面でも大きな権限と責任を負うこととなったのである。

民政面の協力者として関東軍が白羽の矢を立てたのが満鉄調査部の面々だった。しかし一部の調査員を除くと、満鉄と関東軍の関係は必ずしも良好とはいえなかった。その原因として、一つには満鉄のほうがはるかに歴史が古く、老舗意識をもっているため、関東軍を見下す雰囲気が強かったことがある。そもそも関東軍は満鉄を防衛するために沿線に配置された守備隊に端を発する。満鉄発足以来、重要部局の一つとして活動してきた調査部と比べれば格が違うというわけである。さらには第一次大戦以後、マルクス主義の影響が満鉄調査部内に広がり、どちらかといえば関東軍に対して非協力的であることをもって良しとする傾向が強かったこともあった。

こうしたなかで、二〇年代後半から三〇年代初頭にかけて、これらと異なる動きを見せる調査部員がいた。調査課にあって関東軍参謀・石原莞爾と昵懇《じっこん》の間柄にあった調査課長の佐田弘治郎と、ロシア調査の責任者だった宮崎正義である。

佐田は金融問題の専門家、宮崎は前述したように調査部にあって、ソ連の動向調査を継続してきたこの道のスペシャリストである。ソ連を仮想敵国と考え、日夜研究をつづけていた関東軍との間に緊密な関係ができたとしても不思議はない。

満洲事変後の一九三一年一二月に関東軍の手で統治部が組織されると、多数の調査部員が引き抜かれて統治政策の立案に従事した。さらに満洲での経済建設をおこなう国策的機関を設立するために石原莞爾らは新たな調査機関の設立を満鉄調査部に働きかけた。

　この要請に応えたのが宮崎正義で、当初二〇名ほどの調査部員を組織して奉天に新機関を設立したが、関東軍からより大きな機関の設立を要請されて再度組織化に着手した。宮崎は当時本社外事課長だった奥村慎次と語らって課長、主任クラス、さらには当時本社総務部長で、満鉄最後の総裁となる山崎元幹らを説得、委員長に当時理事の十河《そごう》信二（戦後は国鉄総裁として新幹線開通を推進）を担いで大調査機関の設立にこぎつけた。三二年一月二六日に重役会議で満鉄経済調査会（経調）の設立が正式に決定された。

満鉄経済調査会の組織と目的

　こうして設立された満鉄経済調査会はいかなる性格をもっていたのか。一九三二年一月一六日付けで出された満鉄副総裁・江口定條《さだえ》あての関東軍参謀長・三宅光治《みつはる》の設立依頼状には、「満蒙に於ける諸般の事情調査　並《ならびに》　建設的方策及《および》計画の研究立案に関し軍の諮問に応じて之と協力する為に貴社に於いて有力なる大調査機関を奉天に設立相成度《あいなりたく》此段及御依頼《ごいらいにおよび》候也」（遼寧省檔案館資料）と記されている。満鉄の機関でありながら軍の依頼を受けて調査立案活動をしてもらいたい、というわけである。

これを聞いた経済調査会のメンバーのなかから、経済調査会は軍の機関なのかそれとも満鉄の機関なのか、もし経済調査会のなかで見解が分かれた場合には軍の命令に従うべきなのか、それとも満鉄の指示に服すべきなのか、といった質問が出たというが、ごく自然な疑問だったといえよう。

この疑問に明確な回答を与えたのが、関東軍参謀長兼特務部長の小磯国昭に対して十河信二が経済調査会とは何かをレクチャーしたメモである。

「経済調査会ハ、形式的ニハ満鉄ノ機関テアルカ、実質的ニハ軍司令官統率ノ下ニ在ル軍ノ機関テアツテ純然タル国家的見地ニタツテ、満洲全般ノ経済建設計画ノ立案ニ当ルヘキテアル、従ツテ満鉄会社自体ノ利益ヲ超越シテ、時トシテハ満鉄ノ利益ニ反スル計画立案ヲナス事モアルカモ知レナイ、要ハ国家ノ大局カラ見テ、如何ニ満洲ノ経済的開発ヲナスヘキカニ関シ調査立案ヲスヘキテアルト云フ事ヲ社義トシテ決議シタノテアリマス」（遼寧省檔案館・小林英夫編『満鉄経済調査会史料』第一巻）

十河の説明の要点は、経済調査会は単なる調査機関ではなく、調査・立案機関として関東軍の手足となって活動することが期待されている機関であること、総裁に直属するのでたしかに満鉄の機関ではあるが、国家目的のためには満鉄本体と対立することもあえて辞さずという基本方針を明示していた。

経済調査会は五部から構成され、第一部は経済一般、第二部は産業、移民、労働、第三部は交通、第四部は商業、金融、第五部は法制一般、文化を担当した。委員長には満鉄理事の十河信二、副委員長には調査課長の石川鉄雄が就任した。石川は先の臨時経済調査委員会では委員長のポストにあった。経済調査会設立に満鉄側で中心的役割を演じた宮崎正義は第一部の主査兼幹事として活動することとなった。

宮崎正義の経済統制策

宮崎正義が取り組んだ課題が満洲での経済統制策の立案だった。いかなる経済政策を採用するかは、建国初期の最大課題の一つだった。宮崎は「日満経済の融合」「自給自足経済の確立」「国防経済の確立」「人口的勢力の扶植」に加えて、「満洲経済を自由放任に委《い》せしめず国家統制の下に置くこと」を強調し、その具体案の作成に乗り出した。

一九三二年六月、奉天の満鉄理事公館で第一回の関東軍と経済調査会の合同会議が開催された。これは満洲の経済建設を推し進めるための基本方針を決定する重要な会議だった。橋本虎之助参謀長、石原莞爾、竹下義晴両参謀といった関東軍の面々と十河委員長を筆頭とする経済調査会のメンバーが顔をそろえた。この席で宮崎は「満洲経済統制案」と銘打った資料を配布し、これに基づいて日満経済の歴史と現状を簡略に説明した。

宮崎は、現在の世界経済は恐慌の真っ只中で、「世界経済機構の破綻」の危機にあること、この恐慌を離脱するためには現在の体制を変える必要があること、特に経済を野放しにするのではなく統制を加える必要があることを述べた後で、明治期に充満していた日本人の企業家精神がいまや失われている、と喝破した。

彼ら（日本人）は目先の利益に追われて長期的に見て自給に不可欠な鉄鋼業や機械器具産業の育成には意欲がなく、必要とあれば輸入して事たれりとしている。基幹産業、国防産業が伸びない所以である。各社は資金の調達を自社発行の株式でおこなっている。したがって彼らは自社の株価を高めるためには将来の設備投資に使うべき金も配当にまわし、不当に高い重役配当をおこなっている。会社の将来計画は立たず、社長は労働者の福祉にも無関心である。こうした無政府状態が恐慌の原因となっている。

こうした状況判断の上で、いま日満関係を見れば、「日満経済を単一体に融合し合理化すること」「国防経済を確立すること」「不抜の日本経済勢力を満洲に扶植すること」「国民経済全体の利益を基調とすること」が重要だが、それを実現するためには目先の利益にとらわれない統制経済の実施とそれを推進する日本人の満洲移植が肝心であると宮崎は述べている。

では、目先の利益にとらわれない経済統制政策とはいかなるものなのか。

宮崎によれば一番重要なのは産業部門によって統制のやり方を変えることであるという。鉄鋼業や兵器産業など基礎産業や国防産業は国防的視点から強力な統制を加えるべきで、それ以外の産業に対しては強い統制を加えるのではなく、ゆるやかな官僚統制か自由経済の流れに任せるべきである。したがって経済調査会が考える日満経済の統制は、ソ連の国家統制とはその内容を異にし、アメリカの自由経済とも色合いを異にすべきである。

宮崎の主張を一言でいえば、日満経済の統制は、産業部門によって統制方式を変え、重工業や軍需工業は国家・官僚統制で、軽工業は自由競争でおこなうというものだった。

満洲国の幣制統一と南郷龍音

経済調査会の各部員たちはそれぞれの分野で建国の方針づくりに従事していった。

金融の専門家だった南郷龍音《たつね》もその一人である。南郷は一九〇一年鹿児島に生まれた。東亜同文書院を卒業した二二年に満鉄に入社、調査部入りしている。長女みどりの言によれば、数学者になりたかったとあるように、彼の日記を繰っているとしばしば高等数学の公式が記入されている。几帳面な性格とあいまって数値を扱う通貨金融問題は、彼にはうってつけだったのかもしれない（小林英夫ほか編『満鉄経済調査会と南郷龍音』）。

彼は、経済調査会のスタートから金融問題を担当する第四部に所属して、満洲国の幣制統一という難事業に取り組んだ。

一九三〇年代前半までの中国は幣制が統一されておらず、奉天省の東三省官銀号、辺業銀行、吉林永衡官銀銭号、黒龍江省官銀号などの各省の中央銀行的機能を果たす金融機関が各種通貨を発行したため主要官銀号が発行する紙幣だけでも「幣種十五、券種百三十六」（『満洲中央銀行十年史』）に及んでいたという。

満洲国政府が独立国家を成す第一歩は、中央銀行の設立と中央銀行券での幣制の統一がなされなければならない。そのため関東軍は満洲事変に際し、官銀号の資産や帳簿の散逸を防ぐための接収作戦をもっとも重視した。関東軍は一九三二年一月、幣制及び金融諮問委員会を開催し、幣制統一と中央銀行設立に乗り出していった。南郷はこの会議に金融専門家として参加した。

この会議での最大の論点は、満洲の幣制は金本位制にすべきか、銀本位制にすべきかであった。朝鮮銀行系の委員は金本位制を、南郷ら経済調査会の面々は究極の目標は金本位制でも当面は銀本位制を主張し、両者の意見は激しく対立した。

南郷らが銀に裏づけられた満洲の幣制を一挙に金本位にもっていくのは危険と考えたのに対して、金系通貨を出している朝鮮銀行側は、これを自行の勢力拡張の絶好の機会と捉え金本位制を主張した。南郷は会議の全日程に参加し、要所で実務的観点から銀塊本位制を支持する発言を展開していた。

当初、関東軍は南郷ら調査部の意見で進行していたが、三二年三月末に関東軍統治部財務課長の五十嵐保司を委員長に満洲中央銀行創立委員と創立準備員が選出されると、この委員会を中心に金融改編が具体化されていった。

創立委員は五十嵐を筆頭に日本人五人、中国人四人の合計九人。創立準備員は朝鮮銀行、満鉄、横浜正金銀行（正金）などから日本人一八人、中国人二三人が選出された。創立委員が金融界トップをもって構成されていたのに対し、創立準備員は金融専門家から選出されていた。満鉄からは経済調査会金融担当だった南郷もこの創立準備員に加わっていた。両者からなるこの委員会では旧奉天軍閥系の東三省官銀号、辺業銀行、黒龍江省官銀号、吉林永衡官銀銭号の四行を合併して新たに満洲中央銀行を設立することが決定されている。

当初の案では、国内は制限兌換《だかん》、国外に対しては上海むけ為替をもって兌換に応じることとなっていた。しかし、三二年五月に開催された創立委員と財務部との打ち合わせでこの案に修正が加えられ、銀為替による上海むけ無制限兌換実施は、満洲の実状には適さないとの結論に達し、当初の銀塊本位制は破棄され、新たに銀為替管理通貨制度が採用された。この結果、兌換規定もなく、中央銀行準備金中の金・銀比率も明記されず、単に積立金規定を明記されるにとどまる脆弱な貨幣法が制定された。

満洲中央銀行は一九三二年六月一五日に創立され、七月一日に開業した。最初に手掛けた事業は、満洲中央銀行券をもって旧官銀号券を整理統合することであった。三二年六月に公布された「旧貨幣整理弁法」に基づき、二年以内に旧官銀号紙幣を一定の交換比率で回収し、満洲中央銀行券で統一するというものであった。旧官銀号に残されていた豊富な資金と関東軍の軍事力をバックに幣制統一事業は急速に推進され、一年延長された三年後の三五年六月には「康徳二（一九三五）年八月末日を以て回収率九割七分二厘と云ふ世界通貨史上曾《かつ》て見ざる好成績を以て完了するに至つた」（『満洲中央銀行十年史』）。満洲経済の日本経済圏への取り込みは、確実に進みはじめた。

日記に見る南郷龍音の日常生活

金融問題に携わった南郷は丹念に日記を残している。現存する日記で、一九三〇年代なかばのものを見てみることとしよう。

午前九時から午後五時までが通常勤務で、「本日より一〇日迄三日間新京へ出張中請をなす」（三六年一〇月八日）、「午後一時半より会議室に於て事業計画協議案を審議す」（三四年二月八日）、「午後四時過より五品取引所楼上に於て経済研究会の例会を開く」（三四年二月一二日）といった具合に、今日我々が経験している勤務生活とさほど変わらない生活が満鉄調査部でも展開されていた。

そのあいだ、「終日原稿の整理をつとめたるも書き上ぐるを得ず（中略）夜原稿の整理に忙し」（三五年六月一〇日）というように、調査報告書や原稿執筆で時間外の勤務がまざる。昼食はだいたい同僚や上司と会食していたようで、「社員倶楽部に於て定食。一円のひるめしをおごらる」（三五年六月一日）といった具合だった。暑いときには同僚と連れだって「明治に於てアイスクリームを食ふ」（三四年八月一六日）こともあった。「ひる、組合にて初音（引用者注・妻）と落合ひ、四五円のRadioを買ふ。それより連鎖街にてそばを食」（三五年六月一四日）うという家族サービスもしていたようだ。また夏ともなると、「四時に帰宅し、静ヶ浦レイクワン〔嶺甲湾〕に水泳に行く」（三四年七月一二日）こともあった。

もっとも一九三〇年代なかばの生活だから、今日と変わらないといっても、当時としては日本での都市中流クラスの生活ぶりだったのではないか。休日ともなると早朝から飛び出し、終日釣り糸をたれ（三六年九月二七日）、娘の舞踏発表会に顔をだし（三六年一一月八日）、天候が悪く釣りに出られない日曜日は「午後一時半頃より家を出て幾久屋に赴き、オリムピック写真展を見学し明治て《ママ》コーヒーを飲み、午後四時頃帰宅し、九時には就寝す」（三六年九月六日）といった余裕のある休日を過ごすことができた。

一九三〇年代中頃は、外地日本人は比較的余裕のある落ち着いた日々を送れた時期だったのかもしれない。

通貨の一体化

一九三五年になると、日満経済一体化が急速に進行する。

その最初は通貨の一体化だった。満洲国の幣制の究極目標が日本円リンクにあり、そこにむかう第一歩として銀為替本位制が採用されたことは前述したが、三三年頃から金本位制の導入へと進む日満幣制統一の動きが現れた。三三年四月に特務部が出した「日満幣制統一の実現に関する要綱案」がそれである。満洲国経済建設のため企業誘致を進めるには日本と満洲国の本位制が異なるようでは金銀比価の変動を受けて企業家が思わぬ損害をこうむることがある。これを避けるためには満洲国の幣制を統一する必要がある、というわけである。

この「要綱案」は三三年四月の特務部連合研究会で検討されるが、満洲国政府の星野直樹らの猛反対で頓挫する。銀為替本位制でいくことが決まったばかりだからだ。経済調査会の南郷も出席したが、当然反対であった。

しかし、六月末に再開された特務部連合研究会では満洲国、経済調査会関係者欠席のまま、この「要綱案」が強引に可決された。金本位制実施を急ぐ朝鮮銀行側の画策があったと想定される。

怒りが収まらないのは、満洲国政府側や彼らの出身母体の日本銀行、大蔵省である。当然そこからも反対意見が噴出した。すったもんだの末、大蔵省を代表して青木一男、日本銀行を代表して新木《あらき》栄吉が渡満し、八月三〇日、幣制問題に関する最後の会議の開催を要請、小磯参謀長出席のもとで「要綱案」の破棄が決定された。その主な理由は、円が不換紙幣となっている状況下では為替相場の安定が第一だが、「要綱案」にはそれに関する研究がないこと、満洲国幣が銀に対して安定的であるのにわざわざ円建てにする必要がないこと、中国民衆が金になじんでいないこと、日本資本の対満進出の最大の障害は事変後の混乱であって貨幣制度そのものではないこと、日満の連繫同様に中満の連繫も重要であること、などであった。しかし主催者の関東軍の面子《メンツ》を考慮し、「本問題は最初より存在せざりしものとし新聞には絶対に発表せず有《う》耶《や》無《む》耶《や》の裡《うち》に解消せしめて双方の体面を繕ふことに申合せ」て、幕引きをおこなった。

本位制論争はこれで決着がついたと思いきや、一九三四年から新しい事態が出現する。アメリカ政府による銀買占めと銀価の高騰がそれである。アメリカの銀鉱山関係者を代表する議員が恐慌離脱の一策として銀価格の吊り上げを図ったのである。この結果、銀建ての満洲国幣は急騰、国幣の対日本むけ為替相場は三三年八月以降上昇し、金系通貨である朝鮮銀行券との間の乖離が激しくなった。また、一九三四年に入ると、日本資本の対満投資の増加と時を同じくして金系通貨である金票の流通量が増加を開始した。

満洲国政府はこの機を利用して国幣を銀から切り離すことを決定し、日銀券にリンクさせる工作を開始した。三五年五～八月頃の南郷の日記には「午後、伊藤武雄氏に通貨問題の真相を話し軍部との連絡方を依頼す」（五月二三日）だとか「午前中、国際収支の係数の算定に苦心す」（五月二六日）、「本日より新京へ国際収支の資料蒐集に赴く」（五月二八日）、「午前八時半より経調会議室に於て国際収支打合せ会議開催」（六月一日）、「新京より森脇君来連。国際収支発表計画文書を持参す。第四部主査と相談して文字を多少修正し、新京財政部と打合せて本日午後之を公表」（七月五日）、「午前一〇時頃、主査会議に国際収支の結果を簡単に報告す」（七月一〇日）、「午前八時一〇分頃出勤す。主査より予《かね》て依頼を受け居たる為替平衡資金を日本に設置する理由書を提出す」（八月一五日）といった記述が頻繁に見られる。銀からの切り離しに南郷が実質的に関わったことがうかがいしれる。

こうして一九三五年一一月四日に日満両国政府より、「日満通貨の等価維持に関する声明」がだされ、これに基づいて同年一一月八日、満洲中央銀行と朝鮮銀行の間で業務協定交渉が開始され、一二月六日に協定が成立、懸案だった満洲国幣と日本円のリンクが完成したのである。

3　五ヵ年計画の立案

五ヵ年計画の立案開始

通貨制度の一体化とともに、一九三三年頃から満洲国の工業化を目指して五ヵ年計画の立案が開始される。五ヵ年計画とは三七年以降、満洲国の主要政策として実施される一大軍需産業拡張政策で、四一年までに鉄鉱石、石炭、電力、人造石油、銑鉄、鉄鋼、自動車、航空機などの生産の飛躍的拡大を図るため、この部門への資金、資材、労働力の集中投下を実施する政策だった。

この立案でも、経済調査会の宮崎正義は重要な役割を演じている。このために彼は三三年五月に満洲を離れ、東京に居を移して活動を開始するのだが、なぜ彼は満鉄経済調査会の活動がまだ継続しているこの時期に満洲を離れたのか。

同僚は訝《いぶか》しがって彼に尋ねたが明確な回答はなかったという。彼を支持してきた関東軍参謀・石原莞爾が前年八月に栄転で東京に移り、後ろ盾を失ったので、彼もまた石原の後を追って東京に去ったのではないか、という噂がまことしやかに流された。

宮崎の東京行きの理由についてはこれまでベールに包まれていてはっきりしなかっ

たが、遼寧省檔案館所蔵の満鉄資料を調べるなかでそれが判明した。同館所蔵満鉄ファイル（一九三三年九月三〇日付け特務部発第一六八一号「満鉄社員宮崎正義の東京駐在の件」満鉄副総裁八田《はった》嘉明《よしあき》宛関東軍参謀長小磯国昭電）には次のように書かれている。

「関東軍嘱託たる貴社経済調査会宮崎正義を東京に在勤せしめ日満経済ブロックに於ける経済統制方策の研究立案を委嘱したきに就ては貴社に於て右目的のため適当なる機関を東京に設けられます様御取計相成候はば最好都合に存じ此段及御依頼候也」

宮崎の東京行きの目的は、「日満経済ブロックに於ける経済統制方策の研究立案」のため、つまりは五ヵ年計画立案の準備作業のためだったというのである。そしてこの計画を知っていたのは、満鉄のトップ数人だけだった。

宮崎正義は東京でブロック経済に関心をもつ軍人、官僚、学者の人脈づくりに力を注ぎ、三五年八月に日満財政経済研究会を立ち上げた。目的は日本の国力調査と日米戦争に備える生産力拡充計画の立案にあった。

彼は、若手の研究者を集めて世界各国の統制経済の実態を調査し、それをふまえて「満洲産業開発五ヵ年計画」の立案に邁進《まいしん》した。当時、若手でこの調査活動に参加した者のなかには古賀英正、戒能《かいのう》通孝、岡野鑑記《かんき》、玉置寛らがいた。古賀は東京帝大助手から日満財政経済研究会入りし、戦後は南條範夫の筆名で直木賞作家になった。戒能は法学者、岡野は経済学者で後にともに大学教授になっている。当時皆二〇代後半、大学を出て数年という若手だった。

宮崎の指導で三六年八月、「昭和十二年度以降五年間歳入及歳出計画、付緊急実施国策大綱」が立案される。この計画案では、一九三七年以降、五年間の歳入と歳出の伸びを検討し、軍事費の幅を推定すると同時に、「緊急実施国策大綱」のなかでは戦時に臨む強力な政治体制の確立を提言していた。

具体的には、現行内閣制度に代わる国務院主体の中央集権体制の確立、国防費の効率的運用、国防産業の飛躍的増産と輸出産業化、官、軍、民の協力体制の確立、であった。そしてこの課題を完成させるためには少なくとも一〇年間の平和を必要とし、そのあいだ大規模な戦争が勃発することで国力を消耗し、新体制づくりが遅れることを避けようとしたのである（『日満財政経済研究会資料』）。

五ヵ年計画の確定

宮崎たちは「昭和十二年度以降五年間歳入及歳出計画」を出発点に、一ヵ月後の三六年九月、それを具体化した「満洲における軍需産業建設拡充計画」を作成している。これは一九三七年から四一年までの五年間に、日満一体で鉄鉱、銑鉄、鋼、石炭などの軍需物資の大増産を図るため、その目標額を設定するとともに投入資金額を策定していた。増産に要する満洲側の資金額は約二八億円。当時の日本の年間国家予算額に匹敵した。

これと並行して三六年一一月には、その日本版ともいうべき「帝国軍需工業拡充計画」を作成、宮崎は参謀本部と陸軍省の要員にこれを説明している。軍需物資の増産を図る計画目標と資金額の策定という点では先の満洲案と変わりがないが、金額そのものは七二億円に跳ね上がっていた。

先の「満洲における軍需産業建設拡充計画」をベースに陸軍省の検討を経て、三六年一〇月、湯崗子《とうこうし》温泉で開かれた会議で、後述する経済調査会が作成した「満洲産業開発永年計画案」とのすり合わせが図られるが、永年計画案は破棄されるかたちで、翌三七年一月関東軍司令部の手で「満洲産業開発五年計画綱要」が決定され、これが満洲国政府に渡されて政策化されていく。

満洲産業開発永年計画案

東京で「日満ブロック経済」実現を目指して、宮崎が「満洲産業開発五ヵ年計画」

の具体化に邁進している頃、満洲に残った大上《おおがみ》末広ら経済調査会メンバーも彼らなりのイメージで満洲工業化政策の立案に奔走していた。

そのきっかけは、三六年四月の関東軍経調懇談会の席上、経済調査会の「産業開発五ヵ年計画というものが新聞紙上に見えるが軍ではどう考えるのか」という質問に対し、関東軍参謀秋永月三《あきながつきぞう》が「五ヵ年計画とは限らぬが永年の計画が必要と考える。……幸い経調でもこれを考えて戴くのは結構だ」と回答したことにあるという。

これを受けて、経済調査会はさっそく四月下旬から、大上を中心にして、「満洲産業開発永年計画案」の立案に着手し、五月には「満洲産業開発永年計画案（大綱）」を作成している。六月には企業政策、農業政策、移民政策、資金政策を検討する四分科会を組織し、これをもとに分科会相互、関東軍、満洲国とのすり合わせをおこない、八月には作業を完了した。

大上らが立案した「満洲産業開発永年計画案」は、関東軍参謀の秋永月三が「この業務計画では鉱工業を如何に考えておられるのか。農業は詳しいが、鉱工業を軽く扱っておられるように思う」と述べたように、農業、移民政策に力点がおかれた案だった。特に一九三〇年代前半に満洲北部を襲った特産恐慌と呼ばれる農業恐慌の対策のための土地政策、とりわけ「郷村協同組合政策」と呼称した農村協同組合政策（合作社政策）を主眼としていた（満鉄調査部『満洲・五箇年計画立案書類 第一編第二巻 満洲永年計画資料』）。

経済調査会の大上末広らが農村救済策を主眼とした満洲産業政策を立案したのは故なきことではない。大上はもともと農業が専門だし、調査部内「左派理論家」として満洲農業恐慌の分析と対策に大きな力を注いでいた。軍の意向をふまえ軍需工業の育成を考えていた宮崎とは、同じ経済調査会出身でも相当色合いが違っていたといえよう。三六年一〇月の湯崗子温泉会議で、関東軍や満洲国政府幹部が大上の案を否決し、宮崎の案を採用したとしても、不思議はなかった。

湯崗子会議の実態

一九三〇年代後半、日満あげて軍需重工業の育成を図るという日本の基本国策を決定した会議にもかかわらず、湯崗子温泉で開催された会議に関しては、議事録もなく、資料不足でその全貌はつかめなかった。唯一この会議について記述していたのは、当時財務部総務司長だった星野直樹の回想録『見果てぬ夢――満州国外史』だけであった。星野は次のように書いている。

「宿屋につくと、広間でこれらの面々が、車座になって相談をはじめていた。私もすぐにこれに参加した。／聞くと最近、東京の陸軍、ことに参謀本部方面で、満州の産業開発について、この際いままでの計画を総合し、五ヵ年計画をたてたらどうだというってきた。そこで関東軍、満州国、満鉄が一緒になって、その国策をたててみよう、というのがこの会議の目的だということがわかった。（中略）／この計画をたてる参考として、参謀本部でつくった一枚の紙があった。それには鋼、石炭、アルミニウム等の重工業資材、車両、自動車、飛行機等の重工業製品、米、麦、飼料等の重要農産物、これらをあわせ、約二十種の生産について、各五年後の生産能力目標と、その間の年末の生産能力予定を書き入れてあった。（中略）／たねは、この紙一枚ではあったが、集まっている人は、満鉄、満州国にあって、産業開発のため日夜頭を悩ましている連中なので、早速これを手がかりとして、満州建設五ヵ年計画の立案に着手した。／三日間、昼夜をかけて、あるいはみな一緒に、あるいは農業、石炭、鉄鉱とグループごとに分かれて、話合いを進めた。そして三日目には、とにかく一つの基礎案をつくりあげた」

星野によれば、関東軍、満洲国、満鉄の立案専門家たちが一堂に会し、参謀本部が作成した鉄鉱石、石炭、人造石油、銑鉄、鉄鋼などの現在の生産量と五年後の見通しを書いた一枚の紙をもとに三日間で満洲産業開発五ヵ年計画をつくりあげたというのである。著者はこれを読んだとき、この記述に一瞬疑問をもったことを記憶している。満洲産業開発五ヵ年計画の立案文書といったら膨大な量に及ぶ。仮に直接、満洲産業開発五ヵ年計画そのものに関連したものだけでも最低数冊はある。これをいくらスペシャリスト集団だからといって、三日で基礎案などできるものなのかという疑問である。

しかし、その疑問を解く鍵は南郷龍音の日記のなかにあった。

彼もこの湯崗子会議に参加した一人である。彼の三六年一〇月五日から七日の日記のうち会議にふれた六日、七日の両日を紹介すれば次のようだ。

「午前五時四〇分湯崗子着。対翠閣に落着く。直ちに入浴し午前九時頃迄就寝し、朝食をすませ、午前一〇時より軍及満洲国との座談会に出席す。会議は午後七時頃迄続行。畢《おわ》って酒をのみ、午後九時頃就寝す。本日は酒家《さかや》君の一人舞台なりき」（一〇月六日）

「午前六時頃起床、入浴し、昨夜酒家君が秋永参謀より借用せる陸軍省五年計画案を通読す。朝食をすませ、酒家君と温泉地一帯を散策す。午後一時より会議開催。本日も只黙々として聴手役にまわる。午後五時頃終了。……午後七時より宴会に（軍招待）出席し、星野財政部次長に盃をさされて酩酊す。午前零時八分湯崗子発の汽車に

て南郷、中島、山中、酒家、押川の五名南下、帰途に就く」（一〇月七日）

南郷の日記によれば、会議は六日の午前一〇時から午後七時までの九時間と七日の午後一時から五時までの四時間。食事や休憩時間もあるから正味一〇時間前後といったところだろうか。しかも、南郷らに陸軍省作成の五ヵ年計画案、つまり「満洲における軍需産業建設拡充計画」が渡されたのは六日の夜で、それまでは計画案は配布されていなかったとある。しかも議論は白熱したというよりは、経済調査会の酒家彦太郎の一人舞台だったというから、彼が経済調査会の「満洲産業開発永年計画案」を力説したのだろう。

こう考えると、星野の『見果てぬ夢』のイメージとは違って、主要参加者の間での根回しはすでにできていて、この会議は「満洲産業開発永年計画案」を捨てて「満洲における軍需産業建設拡充計画」を承認するための、関東軍、満洲国、満鉄の最後の顔合わせだった感が強い。戦後になって星野の回想記『見果てぬ夢』を読んだ南郷は彼の弟に「あれは違う」と語ったといわれているが（小林英夫ほか編『満鉄経済調査会と南郷龍音』）、彼の日記を読むとその理由が明らかになる。さらに二〇〇三年夏に吉林省檔案館から出された満鉄調査部事件関連の関東憲兵隊資料でも、小泉吉雄の「手記」にこの会議の模様が出てくる。

彼は満鉄調査部員でありながら、三〇年代半ばに関東軍に出向、軍属として関東軍の立案活動に関係し、四二年九月の満鉄調査部事件で検挙された人物である。彼は湯崗子会議には出席していないが、会議の後、「満洲産業開発永年計画案」の骨格ともいうべき「郷村協同組合政策」の立案に努力し、三七年六月に満洲国国務院会議で「農事合作社設立要綱」を可決させる。この一連の動きを「手記」で語るとき、小泉は「湯崗子温泉会議の席上、満鉄押川一郎氏より之《これ》（引用者注・郷村協同組合）が設立が提唱せられ、会議にて後日の研究課題として保留せられ」たと述べている（小林英夫・福井紳一『満鉄調査部事件の真相』）。

押川は経済調査会の同僚である酒家彦太郎が主張する「満洲産業開発永年計画案」に賛成意見を述べ、この点は「後日の研究課題」という留保条件を引きだすことに成功したのである。したがって星野の回想とは違って、この会議は三五年頃から立案具体化されてきた満洲産業開発五ヵ年計画が最終的に決定された会議と見てまちがいあるまい。それと同時に、この会議で事実上否定された経済調査会の「満洲産業開発永年計画案」も、案は否定されたものの、酒家、押川が粘り、後の「農事合作社設立要綱」を生む契機ともなるのである。

第三章　満鉄調査部と日中戦争

1　華北分離工作

華北分離工作と資源調査

一九三五年二月、経済調査会のなかに新たに第六部が新設される。第六部は関東軍・支那駐屯軍と連動しながら華北分離工作に全面的に関与することとなる。

華北分離工作の動きのそもそもの出発点となったのは、一九三一年九月の満洲事変だった。これを引き金に三二年三月に「満洲国」が成立し、三三年二月には熱河《ねっか》作戦が展開され、三三年五月には長城線を越えて塘沽《タンクー》で停戦協定が締結された。ここまでが日本軍の華北進出の第一段であった。

しかし、一九三五年になると新しい動きが現われる。広田外交と蔣介石政権の対日宥和《ゆうわ》政策で、つかのまの日中友好ムードが流れる裏で、六月に日本軍の河北、察哈爾《チャハル》両省をねらった作戦が展開された結果、梅津・何応欽《かおうきん》協定、土肥原・秦徳純《しんとくじゅん》協定が締結され、緊張は一気に高まった。これと前後して支那駐屯軍・関東軍のなかにも、華北五省（河北・察哈爾・山東・山西・綏遠《すいえん》）を蔣政権から分離独立させ、「第二満洲国」をつくり、ここの資源を開発して、日本の高度国防国家建設の基礎にしようという動きが活発化した。三五年七月、支那駐屯軍の出した「北支新政権の発生に伴ふ経済開発指導案」は、華北に親日政権をつくりだし、その政権のもとで国防上の資源を可及的すみやかに確保する必要性を述べていた。

華北資源調査は、最重要課題にクローズアップされた。関東軍、支那駐屯軍、満洲国政府一体のもとで、甲、乙、丙という名称で調査団が組織された。満洲国から派遣され、主に「北支経済産業開発及統制に関する諸般の研究調査」を目的に編成された調査団は、甲嘱託班と命名された。この班は二二名の調査員で、第一班（通貨・金融）、第二班（財政・貿易）、第三班（政治・外交）、第四班（産業）、第五班（交通）の五班から構成されていた。

乙嘱託班の活動

これに対し、乙および丙嘱託班は、経済調査会の調査員を主軸に構成されていた。

そのうち丙嘱託班は、調査員五人、調査期間三ヵ月と小規模で、「北支が中支より独立した場合を前提にした」金融、経済、税制、貿易の調査だった。この調査は三五年一一月には完了し、解散した。丙嘱託班は、後述する乙嘱託班の先発隊として予備調査を担当する役割をもっていた。

本隊ともいうべき乙嘱託班は、三五年一〇月に編成されている。責任者は経済調査会第六部主査の野中時雄だった。野中は就任前の四月から一ヵ月かけて天津、北平（北京）、大同、太原などの実状調査をおこなっていた。乙嘱託班の任務は華北に存在する国防資源（鉄、石炭など）の開発のため鉱業、工業、鉄道、港湾、経済の五班（後に総務班を加えて六班となり、鉱業班は鉱山班に変更される）に分かれて調査し、その上で利権獲得の具体案を作成する点にあった。彼はその目星をつけるために就任に先立って華北各地を踏査したのである。鉱山、鉄道の二班に人員と経費の多くが投下された。調査地域も河北省を中心に察哈爾、綏遠、山西、山東、河南から寧夏、甘粛、新疆、陝西《せんせい》の奥地にまで及んでいた。調査員は武器こそ携帯しないものの、軍の保護のもとで調査を実施した。その多くは経済調査会から派遣された。「乙嘱託班員名簿」によれば、総員一三七名のうち経済調査会は四二名で、全体の三割を占めており、経済班、鉱山班、鉄道班を中心に配属された。

表１　乙嘱託班活動概況

1935 年	7 月 29 日	支那駐屯軍司令部、「北支新政権の発生に伴ふ経済開発指導案」発表
	8 月 20 日	支那駐屯軍、関東軍を介し満鉄に北支経済調査員派遣要請
	9 月　4 日	満鉄経済調査会第六部主査野中時雄を天津常駐幹事として天津に派遣決定
	10 月　1 日	乙嘱託班事務所開設、乙嘱託班長、野中時雄就任
	10 月　2 日	支那駐屯軍、軍決定になる「乙嘱託班調査綱領」を乙嘱託班に掲示
	10 月 11 日	乙嘱託班主査会議開催（おもに、乙嘱託班調査細目要領および予算作成の件検討）
		第一回、満洲国（甲嘱託班）、満鉄（乙嘱託班）調査員懇談会開催
	10 月 20 日	乙嘱託班主査会議開催（「乙嘱託班調査細目要領」決定に関する会議）
	10 月 22 日	10 月２日の支那駐屯軍「乙嘱託班調査綱領」を具体化する形で、「乙嘱託班調査細目要領」決定
	10 月 23 日	乙嘱託班予算案完成
	11 月 13 日	満鉄重役会議、「北支」情勢の変化にともない所定調査コースの進捗困難と判断
	12 月　2 日	現地調査隊の使用する自動車の軍用車扱いおよび護衛兵の貸与に関する軍の保証をとりつける
	12 月 10 日	「昭和十年度北支経済調査実施計画並予算案」原案通り決定
1936 年	4 月 11 日	支那駐屯軍司令部、「北支産業開発指導綱領」立案
		経済調査会「北支経済調査継続実施に関する件」（経済班および工業班は昭和 10 年度限り乙嘱託班としての調査を打ち切り、当該業務を天津事務所調査課で継承、鉱山・鉄道・港湾の各部門は昭和 11 年度もひきつづき調査継承）

出典　支那駐屯軍司令部『乙嘱託班調査概要』、1937 年

調査は三五年一一月からいっせいに開始された。総務班を除けば、工業、経済の二班は三六年三月まで、他の鉱山、鉄道、港湾の三班は、三六年末まで調査活動が展開された。工業班は天津、済南、青島《チンタオ》を中心に一九種の工業を調査する予定だったが、実際には紡績工業など八種に終わり、内容も参考程度にとどまった。金融、関税、貿易、農業、合作社を担当した経済班の本来の目的は、華北通貨対策だったが、これも調査実施直後に国民党がおこなった幣制改革に大きく狂わされ、その実施状況調査に追われるはめになった。鉱山班は金、鉄鉱、石炭など二六種類、一五九鉱山の調査を実施、うち五三鉱山は、位置、地質および鉱床、品質、埋蔵量から判断して開発有望とする報告書を作成していた。鉄道班は、北寧（北平―遼寧）、津浦（天津―浦口）、平漢（北平―漢口）、平綏（北平―綏遠）、膠済《こうさい》（膠州―済南）、隴海《ろうかい》（隴＝甘粛―海州）、正太《せいたい》（正定―太原）、大潼《だいとう》（大同―潼関）の各鉄道と鉄道沿線を調査したが、公表資料は少なく内部資料入手は困難を極め、沿線調査も「支那官憲の圧迫予想外に苛酷にして鉄道当局又極度に調査を忌避せる為言語に絶する辛酸を嘗《な》め」る（支那駐屯軍司令部『乙嘱託班調査概要』）結果となったという。港湾班は、秦皇島、天津、龍口、芝罘《しふ》、威海衛、青島、連雲港の華北七港の調査を実施した。調査結果は、天津、青島の二港が華北開発後の吞吐港（出入港）として有望と結論づけていた。

表2　乙嘱託班活動概況

班　名	調査期間	調査地域
工 業 班	1935年10月～36年 3月	天津、上海、青島、済南、塘沽、北平、漢口、秦皇島、唐山、張家口
経 済 班	1935年10月～36年 3月	天津、北平、青島、芝罘、済南、その他華北各地および上海
鉄 道 班	1935年10月～36年11月	北寧、津浦、平漢、平綏、膠済、隴海、正太、大潼各既設鉄道本支線
港 湾 班	1935年12月～36年12月	秦皇島、天津、龍口、芝罘、威海衛、青島、連雲港
鉱 山 班	1935年12月～36年12月	
自動車、交通道路	1936年 1月～37年 1月	河北省、山東省、山西省、察哈爾省

出典　『乙嘱託班調査概要』

表3　乙嘱託班参加人員および決算

班　名	調査人員	調査費決算額
	(人)	(円)
総 務 班	18	21,140.92
鉱 山 班	36	67,870.29
鉄 道 班	55	42,748.43
港 湾 班	6	6,409.35
工 業 班	13	13,112.30
経 済 班	23	7,329.80
合　計	151	158,611.09

出典　満鉄産業部編『経済調査会立案調査書目録』第1巻、1937年

このほか三六年一月から新たに自動車隊による道路交通事情調査、給水隊による平漢線、津浦線沿線の水質調査も実施している。同年九月には踏査を基本的には完了しているが、軍事目的が濃厚なこの手の調査に中国側の反発は激しかった。実験用トランクを携帯した日本調査団の作業は、中国官憲監視のなかでおこなわれ、調査結果も基礎データを得るにとどまった。

天津事務所の開設と冀東農村実態調査

華北資源調査が開始された一九三五年一一月、経済調査会第六部は廃止されて、新たに天津事務所が開設された。

表向きの理由は、業務が広汎多岐にわたり調査会各部が関わるので、総合機能をもたせた事務所を新たに開設したほうが良い、ということだったが、本音をいえば、満洲での経済調査会の活動は峠を越したので、華北調査に本腰を入れたいという意思表示だった。彼らが手がけた最初の調査は冀東《きとう》農村実態調査で、三六年三月から開始された。

冀東とは河北省（別称、冀）の東部で北は万里の長城、東は渤海に南は塘沽《タンクー》まで、西は北平に接する地域で、面積約四九〇万町歩、九州に匹敵する大きさで、人口約六

冀東地区略図

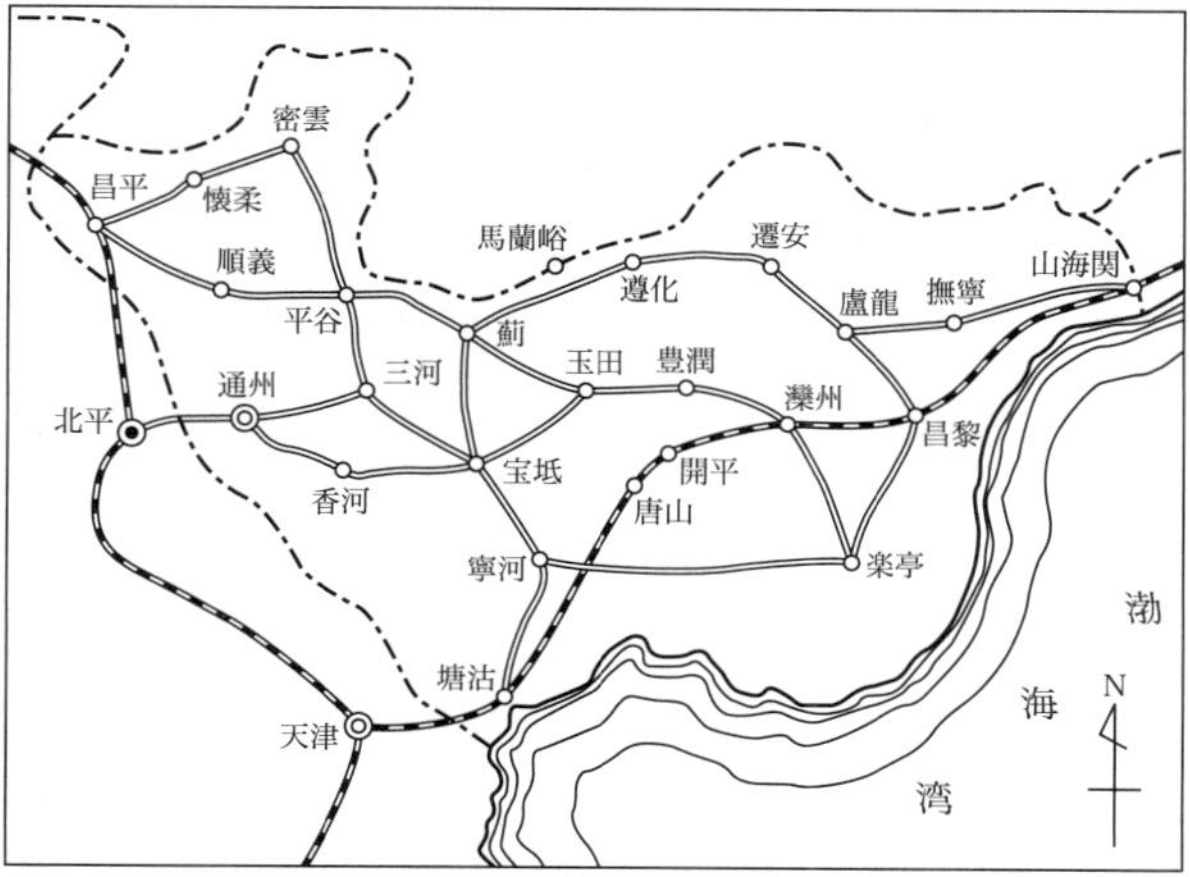

出典　東亜人文研究所編『冀東』1937年

〇〇万を数えていた（地図参照）。

　ここは、三三年五月の塘沽停戦協定で非武装地帯とされた地域であるが、三五年六月の梅津・何応欽協定により日本軍の影響力が強まり、一一月には日本軍の手で殷汝耕《いんじょこう》を委員長に冀東防共自治委員会が結成され、翌一二月には冀東防共自治政府と改称された。この地域の農村調査をおこなうというのが冀東地区農村実態調査にほかならなかった。期間は三六年三月半ばから七月後半までの四ヵ月半、冀東地区二五村を対象とした調査で、班長は伊藤武雄、小野儀七郎を班長代理に、三一名の調査員が参加した。

班長の伊藤武雄は戦後、自叙伝『満鉄に生きて』（勁草書房）のなかで、「天津にいても暇なものですから、私は、有閑時間の活用のために冀東地区十三県の農村実態調査の計画をたてました」と書いている。

しかし、冀東自治政府の全面的バックアップを受けて、伊藤らが作成した四部にわたる冀東地区内農村産業実態調査の報告書を見る限り、この作業が「有閑時間の活用」だったと信ずる者はいない。

伊藤は軍の嘱託として調査を指揮し、冀東政府から官吏が三人、バスのチャーターと、官憲の庇護を受けて村に入り、村落の様態、土地所有関係、自治形態、小作関係、公租負担、農村金融、移民・出稼ぎ、産業状況を詳細に調査したのであった。伊藤がいうように暇つぶしに調査班を組織したとはとても考えられない。むしろこの調査は軍と一体化した、軍の統治必要上の基礎データ収集だったというべきだろう。

国民政府の対抗策

日本側の華北分離工作に対して、南京に首都を定めた蔣介石政権は対抗策を打ち出す。当時、華北地域の政治状況は流動的だった。蔣介石側につくか、日本側につくか、去就を決めかねていた地方軍閥は多く、華北政界の大物、宋哲元などはその典型だった。

宋哲元は一八八五年山東省生まれ。馮玉祥《ふうぎょくしょう》の部下として各地を転戦、北伐戦争に参加し、国民革命軍指揮官として活躍する。日本軍の華北分離工作の進展のなかで三五年一二月に冀察《きさつ》（冀は河北、察は察哈爾《チャハル》）政務委員会委員長に就任、日中戦争勃発時まで日中間の緩衝政権として両者の狭間で活動した。日中の間で巧みに身を処した彼の行動は、「宋哲元の綱渡り」と称された。しかし満洲事変で関東軍に占領された中国東北と比較すれば、華北地区への国民党組織の浸透力ははるかに大きかった。両者のバランスのなかで、関東軍や天津軍（支那駐屯軍）の華北分離工作の強圧に対して、国民党の力をバックに宋哲元のようなどっちつかずの行動が許容されたのである。

国民党の影響力は、三五年一一月に国民党が実施した幣制改革が三六年になって成功を収めると、いっそう増すことになった。国民党政府は、北伐完了後の二八年六月から七月にかけて上海と南京で全国経済会議、同財政会議を招集し、貨幣制度の統一を決定、まず両《りょう》を廃止し元《げん》をもって銀通貨を統一する「廃両改元」の実施に着手した。これは当初、二九年七月から実施予定だったが世界恐慌や満洲事変の影響で大幅に遅れ、三三年三月に着手される。しかしその後、アメリカの銀買上げ政策が積極化したため銀価が高騰、それが中国の幣制の動揺要因となり、上海を中心としたデフレ不況と中国からの銀流出を生み出していった。

これに対処するため、国民党は宋子文、孔祥熙《こうしょうき》らが中心となり、さらに財政顧問のロックハート、リンチ、ヤングらが加わって新たな幣制改革案を作成した。それは、中国、中央、交通三銀行券を法幣と定め、銀貨を回収するというものだった。この案は、折から訪中していたイギリス政府財政顧問リース＝ロスの賛同を受け、三五年一一月実施に移された。

この幣制改革案は、日中が張りあう華北でも実施された。実施と同時に国民党は組織を総動員して現銀の南送にあたり、日本が対抗措置を講ずることを阻止した。さらに華中の上海では外国銀行が手持ちの現銀を法幣に交換することでこれを援助した。こうした支援を受けて国民党の幣制改革は大成功を収めたのである。この結果、国民党の華北・華中での経済支配力は強化され、抗日力量の増加と蔣介石の支配力の拡大に大きく寄与した。

経済調査会の終焉

満洲事変後の三二年一月からさまざまな国策に関与して活動してきた経済調査会も

三六年一〇月にはその活動を終了して産業部にその席を譲っていく。この四年半にわたる活動を通じて、文字通り関東軍の経済参謀本部の役割を演じた。

この活動のすさまじさは、作成した立案調査書類だけでも三六八件、しかも各件平均四〇〇ページ、なかには一〇〇〇ページを超す大部のものもあるという物量で察することができる。年間平均八一件以上、月に七件の出版物が世に送りだされたのである。彼らが作成した立案調査書類三六八件、逐次刊行物五八一件のリストは、満鉄産業部『経済調査会立案調査書目録』『逐次出版物並《ならびに》業書目録』『立案調査書類及《および》逐次出版物並業書分類目録』（いずれも一九三七年刊）に収録されており、その概要を知ることができる。

満鉄経済調査会で活動した天野元之助《もとのすけ》は後にこの時期を回顧して、「猛勉強ぶりは、忘れられない」と語っているが、直接国家の中枢と連携しつつ、国策に携わる緊張感が、当時三〇代の若者を奮い立たせたことは想像にかたくない。

もっとも経済調査会も全期間にわたって立案に終始したわけではない。宮崎正義が、経済調査会第一部第一班主任の安盛松之助と協力して作成した三三年三月の「満洲国経済建設要綱」作成前後までが立案の時期で、その後は調査活動に主軸を移した。その意味では、宮崎が経済調査会を引っ張った時期が立案期であり、彼の東京転出は経済調査会にとっても一つの転機だったといえなくもない。それはまた同時に、満洲国の国家機構が整備され、立案機能が満洲国に移管されていく時期にも該当した。経済調査会自体もその調査の対象を華北へと移していくことになるのである。

2　日中戦争下の大調査部

盧溝橋事件の勃発

華北各地で日中双方の小競り合いが続くなか、一九三七年七月七日北京郊外の盧溝橋で、夜間演習中の日本軍に対し数発の銃弾が撃ち込まれた。その際一人の日本兵が行方不明になっていたことがきっかけで日中双方の対立が激化し、小競り合いがはじまった。誰が、どんな目的で小銃を発射したかは、いまだに謎である（安井三吉『盧溝橋事件』）。

しかし、当時はこうした日中の小競り合いがいたるところで起きていたことに留意しなければならない。この衝突はいったん収まりかけたが、一一日、日本政府が三個師団の華北派兵を決定、これに対して一七日、国民政府の蔣介石が廬《ろ》山《ざん》談話で「最後の関頭《かんとう》」声明を発し、両者は一歩も引かない構えを見せた。中国側には戦争あえて辞さずとする蔣介石らと和平を追求する汪兆銘《おうちょうめい》らの両派があり、日本側にもまた拡大派（田中新一陸軍省軍務局軍事課長、武藤章参謀本部第一部作戦課長、同第二部など）と不拡大派（石原莞爾参謀本部第一部長、河辺虎四郎同第一部戦争指導課長、柴山兼四郎陸軍省軍務局軍務課長）が対立、戦局の行方は混沌としていた。

こうしたなか、七月二五日には北平に近い郎坊《ろうぼう》で、二六日には北平の広安門で両軍は衝突、二九日には冀東政権の保安隊が反乱を起こし、日本人居留民を殺害する「通州事件」が発生した。七月三〇日には日本軍は北平と天津を占領した。八月九日には上海海軍特別陸戦隊の大山勇夫中尉らが中国保安隊に殺されるという大山事件が発生、戦火は上海に飛び火した。八月一三日、日本政府は上海に二個師団派兵を決定、一四日国民政府は抗日自衛を宣言、一五日には日本政府が「支那軍の暴戻《ぼうれい》を膺懲《ようちょう》」する声明を発し、国民政府が全国動員令でこれに応えることで、日中は全面戦争へと突入していった。したがって、日中戦争の勃発を厳密に捉えるならば、三七年八月一五日をもって開始されたというべきかもしれない。

満鉄天津事務所と伊藤武雄

実はこの事件拡大過程に満鉄天津事務所が深く関係していた。そもそも天津事務所というのは、華北に駐屯していた天津軍と満鉄が連繫して活動するために一九三五年一一月に開設されたものである。翌三六年一〇月には、それまで満鉄調査部の主力を担って満洲国の産業立案活動をおこなってきた経済調査会が廃止され、産業部が新たに設立されている。この改編過程で満鉄調査部は、満洲国での調査を完了し、華北へ調査の重点を移すが、その準備として天津事務所が開設されたのである。

前述したように、これに先立つ三五年半ばには華北資源調査団が組織され、三六年三月から冀東農村実態調査が開始されるが、それらの活動に天津事務所が深く関わっていた。三七年七月に盧溝橋事件が発生した時、天津事務所はその処理をめぐり満鉄機構の最前線に立っていた。

事件発生後、天津事務所が所長名で満鉄本社に打電した電報を見ると、満洲事変時の資料やそのときの金融、国際法、行政、鉄道、暗号、通信の専門家、さらには医師、看護婦、タイピストの派遣を要請する電文が多数見られる（遼寧省檔案館編『満鉄と盧溝橋事件』）。

満鉄が盧溝橋事件拡大に大いに寄与したことは間違いない。事件勃発時の天津事務所長は伊藤武雄だから、彼は満鉄の現地出先の責任者として事件拡大に積極的にかかわったことになる。伊藤は天津事務所長時代を回顧して先の『満鉄に生きて』のなかで「天津での経済調査会幹事、天津軍顧問、天津事務所長としての一ヵ年半は日中戦争勃発前の風雲急な時期にあたるが、私は冀東農村実態調査のほかは、仕事らしい仕事はしていません」と述べているが、冀東農村実態調査のほかに関東軍、天津軍とからんでさまざまな工作をおこなっていたと想定される。

北支事務局の開設

一九三七年七月一八日、天津事務所は臨時北支事変事務局に改組される。さらに八月二七日には北支事務局に改編され、満鉄の華北での活動は本格化する。

臨時北支事変事務局の局長には満鉄理事の阪谷希一が、副局長には参事の伊藤武雄、芳賀千代太が就任した。

事務局は鉄道連絡員本部、庶務部、企画部の三部から構成され、鉄道連絡員本部の下に北寧輸送班が置かれていた。庶務部の下は庶務、人事、連絡、交通通信、宿舎、世話、会計、救護の八班に分かれていた。臨時北支事変事務局人事班が三七年八月二六日作成した「北支事変関係満鉄社員配置表」によれば、この時期、臨時北支事変事務局に派遣された満鉄社員四〇名を含めて華北に派遣された満鉄社員総数は四四五名を超えていた（遼寧省檔案館編『満鉄と盧溝橋事件』）。

ところが三七年八月二七日には北支事務局が設立される。同事務局は満鉄総裁に直属し、華北における鉄道、運輸、一般の占領地行政を担当、鉄道の復旧、運輸、在中日本人居留民の引揚げなどに従事した。この北支事務局には庶務、人事、経理、調査、広報、輸送、工務、電気の八班が置かれ、事務局長には満鉄参事の石原重高が就任した。この北支事務局の新設にともない、八月には前天津事務所長だった伊藤武雄は上海事務所長に転出した。伊藤は新任地の上海でも情報収集活動と人員増員に努力し、八月以降上海から華中全域に拡大した日本軍の作戦活動に協力している。

満鉄改組と調査部の再編

日中戦争さなかの一九三七年一二月、満鉄自体が大きな再編に直面する。それは満鉄改組と満洲重工業開発株式会社（満業）の誕生である。満洲国と日産の折半出資でつくられた満業はその傘下に昭和製鋼所、満洲自動車製造、満洲飛行機製造、満洲炭鉱、満洲軽金属など、「満洲産業開発五ヵ年計画」を推進する主要事業体を網羅していた。

満鉄の改組と新会社の設立は、総力戦を準備していた陸軍や関東軍にとって不可欠なことだった。満鉄のような鉄道中心の会社では、軍が要求する軍需産業主体の総力戦事業を運営していくには困難な点が多かったのだ。満洲国の星野直樹や岸信介らは軍の意向を汲んで日産の満洲移駐を働きかけ、日産の鮎川義介《あいかわよしすけ》もまた自己の事業の延命と拡大を期して満洲への移駐を決意する。満鉄総裁松岡洋右が気づいたときには、時すでに遅く、満鉄の改組と主要事業の満業への移管が方向づけられていたといわれる。しかし、交渉の中心人物である岸信介は松岡洋右の甥であり、鮎川の親戚にあたる。さらに松岡と鮎川も遠縁にあたり親しかった。松岡が激怒したというのはポーズだった可能性が高い（小林英夫『「日本株式会社」を創った男――宮崎正義の生涯』）。

主要な事業を満業に譲り渡した松岡洋右が満鉄に期待したものは華北・華中への進出だったが、それは調査機関にとどまり、本体の鉄道も付属事業も進出できないまま、華北には北支那開発、華中には中支那振興が設立されて満鉄は排除されていく。結局、松岡が最後にかけた満鉄の使命は大調査部の設立であった。松岡にはすでに一九二〇年代後半に山本条太郎と組んで臨時経済調査委員会の設立と運営をリードしてきた実績がある。調査部の拡大がスタートするのは一九三九年四月のことだった。

大調査部の出現

一九三九年四月には産業部は調査部と改称され、新たに中央試験所、鉄道総局、東

満鉄組織一覧表（1939年4月1日時点のもの）

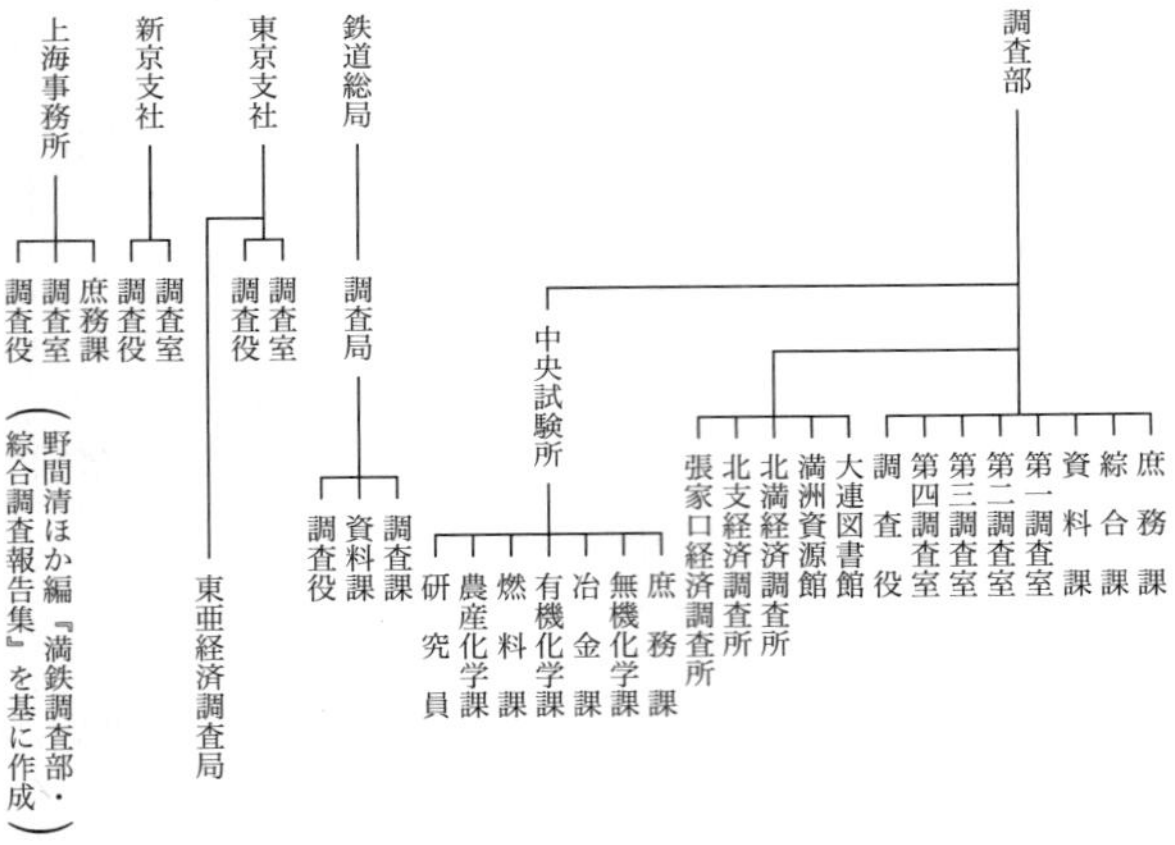

（野間清ほか編『満鉄調査部・綜合調査報告集』を基に作成）

調査部実在員歴年比較表

（単位：人）

	1939年度	1940年度		1941年度
	実在員	4月1日 実在員	1941年2月1日 実在員	実在員
職　員	767	965	967	914
雇　員	209	300	358	336
傭　員	755	1,080	847	789
合　計	1,731	2,345	2,172	2,039

出典　野間清ほか編『満鉄調査部・綜合調査報告集』

京支社調査室、東亜経済調査局、新京支社調査室、上海事務所を含む一大調査機関へと拡大したのである（前ページ「満鉄組織一覧表」参照）。

拡張にともない大幅な人員増強がおこなわれた。三九年四月に一七三一人だった調査部員は、一年後の四〇年四月には二三四五人と一挙に六一四人の増加を見ている（同「調査部実在員歴年比較表」参照）。満鉄調査部史上最大規模の増員だった。山積した調査部の課題をこなすためには多数の調査部員、とりわけ熟達した調査マンが必要だった。在職者は日本の友人に推薦を依頼したが、応募した者のなかにはいわゆる「思想的前歴者」が多数いた。三八年から四〇年までの満鉄調査部入部組を見てみると、石田精一（九州帝大）、石川正義（東京帝大）、石堂清倫（東京帝大）、花房森（早稲田高等学院）、狭間源三（大阪商大）、堀江邑一（京都帝大）、加藤清（京都帝大）、野々村一雄（大阪商大）など多数に及ぶが、うち石川正義、狭間源三、加藤清の三人を除けば、何らかの前科・逮捕歴を有していた。しかし調査部首脳部は「転向」していて「堅実」な推薦者がいれば採用可という方針をとった。何よりも優秀な即戦力が望まれたのである。しかし、彼らの満鉄調査部への入社は、それ以前からあった「満鉄マルクス主義」者の微妙な対立に新たな火種をもたらすこととなった。

第四章　満鉄調査部事件の真相

1　「満鉄マルクス主義」の形成と展開

「満鉄マルクス主義」の起源

満鉄調査部の拡張にともなって、多くの「思想的前歴者」が多数入社したことは前章で触れたが、もともと調査部はリベラルな雰囲気が強かったといわれている。調査部内には、当時発禁の書だったマルクスの『資本論』が置かれており、調査部員はこれをテキストに読書会や研究会をしていたという。世間では、これを「満鉄マルクス主義」と称した。

満鉄調査部でいつごろからこうした傾向が生まれたのかは定かではない。しかし第一次大戦とロシア革命後からはじまり、中国ナショナリズムの高揚とあいまって、一九二〇年代を通じてしだいにマルクス主義の影響が広まったというのが妥当な説であろう。

この動きは日本国内でも例外ではなく、一九三一年から三二年にかけて盛り上がり、岩波書店が『日本資本主義発達史講座』を出版するほどだった。彼らの主張は、明治維新は徳川幕府の政権交代劇にほかならず、そのため明治政府のもとで産業革命が推進されたものの、その内実は寄生地主制を基底に封建制を色濃く持った半封建的な資本主義だったというのである。彼らは岩波書店の『日本資本主義発達史講座』の名をとって「講座派」と呼ばれた。

こうした主張に反発したのが、同じ時期に雑誌『労農』に集まったグループである。彼らは、明治維新は封建政権の交代劇ではなくブルジョワ革命であり、明治政府はブルジョワ政権である、よって、そのもとで推進された産業革命の結果、日本は資本主義社会になったと主張した。彼らは、よってたつ雑誌の名前から「労農派」と称された。

両派とも、マルクスの『資本論』をよりどころにジャーナリズムを巻き込んで日本社会の性格をめぐる「日本資本主義論争」を繰り広げた。こうした熱い論争の洗礼を浴び、それを満洲に持ち込んだのが大上《おおがみ》末広だった。

大上末広、橘樸と『満洲評論』

「満鉄マルクス主義」を代表する大上末広は、一九〇三年石川県に生まれている。彼は「講座派」や「労農派」の論争の嵐のなかで京都帝国大学を卒業、大学院へ進んだ後、三一年中国に渡り、翌年、京大の先輩である満鉄調査部員、天野元之助の紹介で満鉄嘱託となり、三三年には正式に満鉄社員となっている。

同時に大上は、中国革命を体験した思想家、ジャーナリストの橘樸《たちばなしらき》が主宰する週刊誌『満洲評論』の同人にもなった。彼の渡満の本当の目的は橘樸の謦咳《けいがい》に接することだったといわれているから、同人になるのは時間の問題だったといってもよい。

『満洲評論』は三一年八月に創刊され、四五年七月までの一四年間、「満洲国」と同じ年齢を重ねた息の長い雑誌であった。たとえ三〇ページ前後の小冊子でも、これを毎週出版するには、相当強力な編集・執筆陣がなければやれることではない。スタート当初は橘の思想の幅広さを反映して、「寄鍋式」と称されたように左右両派の見解が掲載されたが、しだいに書き手の主力は満鉄調査部に集まる「満鉄マルクス主義者」たちになっていった。発行部数は五〇〇〇から一万部前後だったという(山本秀夫編『「満州評論」解題・総目次』)。

これだけの部数を長く発刊しつづけられたというのは、書き手の豊富さもさることながら、橘の満洲での軍、財界、官界エリート層とのつながりの深さと、それによる便宜の享受の結果以外には考えられない。この雑誌は、当初は橘が陣頭指揮をとったが、初代大塚令三、二代目山口慎一に続いて田中武夫、佐藤大四郎などが編集責任者を務めるころには雑誌の性格もしだいに左翼がかっていった。当初橘を慕って集まった仲間のなかには、マルクス主義の洗礼を受けた大上に代表される若者も少なくなかったが、彼らはこの雑誌を通して成長し、各界に影響力を強めていったのである。

『満洲経済年報』

大上末広は、『満洲評論』同人であると同時に、満洲事変後、満鉄内につくられた経済調査会のメンバーでもあった。宮崎正義を中心とした経済調査会の実働部隊の主要な任務が、満洲国の経済政策の立案にあったことはすでに述べた通りである。その前提として、国策立案にあたり重要な問題となったのは「満洲国」の全体像把握であった。

一体、満洲国とはどんな国であり、どこを改造して、いかなる国づくりをすればいいのか。これまで満洲に関する総合的研究がなかったなかで、宮崎はこれを解明するため、『満洲経済年報』の出版を提唱した。三三年一二月出版された『満洲経済年報

大上グループの主張発表の場であった『満洲経済年報』(1934年度版)

一九三三年度版』の序文で、宮崎が「満洲経済の科学的認識を高め、その実相に関する綜合的解明をなすを一目標として」『満洲経済年報』を発刊すると宣言したのはそうした事情による。

そして大上は、三〇歳そこそこで、この年報の巻頭論文を執筆、一躍満鉄調査部の寵児となった。彼は「満洲経済の史的考察」と題する巻頭論文で、満洲での封建制度の形成と崩壊、資本主義形成過程を分析し、清朝以降の満洲経済が常に植民地的発展を遂げたこと、奉天軍閥が資本主義発展の芽を摘んできたこと、世界経済に組み込まれたモノカルチャー（単一耕作）の満洲経済が、農民の副業を奪い、土地の細分化、貧困化を進め、農民の匪賊化をもたらしたことを論じた。

『満洲経済年報』はその後、三四年度版、三五年度版とほぼ同じスタイルで毎年連続して出されるが、大上のこの満洲経済の把握の仕方は、「半植民地的・半封建的社会構成」として後続版で規定されることとなる。

こうした編集活動を通じて、大上を中心に調査部のなかに一つのグループが形成されはじめた。彼らは経済調査会内の『満洲経済年報』の主要な執筆陣であることから「経調派」「年報派」と呼ばれた。また、彼らは橘樸の「農民自治」に傾倒、『満洲評論』の編集と執筆に深く関わり、ここへの論文発表が、大上グループへの「登竜門」であったことから「満評派」とも評された。

調査部内の対立

一九三三年五月以降、宮崎は東京へ移り、参謀本部や陸軍内に人脈を広げながら「満洲産業開発五ヵ年計画」の立案に全力をあげる。したがって、経済調査会のなかでの宮崎の影響力は相対的に弱まる一方、大上らの力が強まった。盧溝橋事件を経て三〇年代末まで、つまり大調査部が出現する一九四〇年以前まで大上派が理論的ヘゲモニーを握ることとなる。

しかし大調査部が出現すると、新たに多くの調査マンが入社し、彼らがもたらす新しい血が調査部に新たな雰囲気を生み出してくるのである。彼らのなかに「思想的前歴者」が多かったことは前述したが、それは会社側が即戦力を求めたこともあるが、かつて調査活動に従事した経験者で、思想的な問題で解雇された者が、転向者に比較的寛容な「満洲」にあこがれて渡満した場合も多かった。

しかし、「中途採用者」とこれまで調査活動をリードしてきた「満評派」「年報派」との間にさまざまな軋轢《あつれき》や摩擦が生じたことは想像にかたくない。しだいに「中途採用者」たちもグループを作りはじめた。彼らの多くは嘱託としてその多くが資料課に配属された中途採用されたことから、「外来派」と呼ばれたり、時の経過とともに両者の対立は、満洲社会のことから「資料課派」とも称されたが、時の経過とともに両者の対立は、満洲社会の捉え方から調査方法をめぐる対立にまで広がっていった。

「満評派」「年報派」の代表ともいうべき大上は、満洲社会は日本企業の対満進出を契機に大きく変化するのであって、労働者や農民にはそうした社会変革の力量は乏しい、したがって満洲国政府のなかに入って国策を修正することで、よりよい満洲社会をつくることができるのだと確信していた。これに対して「外来派」「資料課派」の面々は、労働者や農民こそが社会変革の基本的動力であり、彼らへの働きかけこそが最重要課題だと主張した。後者の意見を代表したのが鈴木小兵衛だった。彼は経済調査会のなかで大調査部時代以前から大上と論争していたが、大調査部時代になると反大上派の理論的リーダーの一人になっていった。

両派は当面する日中戦争の捉え方でも意見を異にした。「満評派」「年報派」は、日中戦争を日本と欧米の中国市場をめぐる争奪戦と把握したのに対して、「外来派」「資料課派」は、これを日本帝国主義と中国抗日勢力の戦争と理解し、当時のコミンテルンの見解をとった。

満鉄調査部の今後の調査の進め方でも、両者の意見は食いちがった。「満評派」「年報派」が、満洲国の国策に深く関与してこれを修正していく方向を模索したのに対して、「外来派」「資料課派」は国策立案と距離を置き、基礎研究に徹することを主張して対立した。

総合調査の実施

「満評派」「年報派」は積極的に国策に参与していった。

彼らが力を入れて取り組んだビッグプロジェクトのひとつは、一九三六年からはじまった「満洲産業開発永年計画案」の立案である。これが湯崗子会議で否定され、葬り去られたこと、押川一郎の強い発言により彼らの主張点でもある郷村協同組合が「研究課題として保留せられ」たことは前述したとおりである。

そのあと彼らは永年計画の核となる農業（郷村）協同組合の実現・普及にむけた農事合作社の組織化に取り組む。これについては合作社運動との関連もあるので次節で後述する。

ところで、調査部が大規模化するなかで、彼らが本格的に国策に関与したのは、三九年の大調査部のもとで展開された総合調査においてだった。総合調査とは、調査部の個々の機関が別々に調査活動を展開するのではなく、大調査部のもとで新設された綜合課の指導のもと、複数の課題を総合的に調査しようというものだった。当然社歴の長い「満評派」「年報派」が調査活動を指揮し、中途採用の「外来派」「資料課派」は彼らのもとで下働きをすることになる。

鈴木小兵衛を中心とする「外来派」「資料課派」は、現場こそ重要で、基礎研究に徹すべきであり、国策に関与するのは危険だなどと主張したが容れられず、一九三九年以降、綜合課の指導下で「支那抗戦力調査」「日満支ブロック・インフレーション調査」などの総合調査が実施されていくこととなる。これに反対して、中止すべしという主張が受け入れられなかった鈴木は、四〇年七月憤然として調査部に辞表を提出、協和会へと転職する。

敗戦を予測していた「支那抗戦力調査」

満鉄の総合調査を代表するといわれる「支那抗戦力調査」がスタートしたのは一九

三九年五月のことである。この調査の最初の提唱者は具島兼三郎《ぐしまかねさぶろう》、野間清だといわれているが、彼らに伊藤武雄、中西功《つとむ》らが加わることで軌道に乗った。この調査は、はやくも一年後の四〇年五月には取りまとめのための中間報告会を実施していた。

第一回目の中間報告会は三九年一〇月、第二回目は四〇年三月、いずれも上海の満鉄社員倶楽部で伊藤武雄の司会のもとおこなわれた。そして四〇年五月の第三回中間報告会をもって報告書の取りまとめがおこなわれた。一年かけて完成させた報告書は全部で五編一〇分冊、約九七万字、四〇〇字原稿用紙に換算しておよそ二四〇〇枚余に及ぶ大部なものであった。それにしても作業は異常な速さだったといわねばならない。

第一篇は総篇で、支那抗戦力調査の方法論を論じ、この調査は「支那抗戦力の本質が何であるかを支那社会の構造的な特質の中から導き出」そうと企画したとし、第二篇の政治篇では、中国の民族問題、土地問題、民衆動員問題、軍事問題を論じている。第三篇は戦時経済政策篇で、蔣介石政権の抗戦力を担った同政権の交通、商業、貿易、通貨、金融、財政を分析し、続く第四篇は奥地経済篇で、蔣介石政権下での農業、鉱工業を検討している。最後の第五篇は外援篇で、欧米列強の中国援助の実態を論じていた。

そして、この報告書が出した結論は、日本は日中戦争で中国に対して負けることはないにしても、だからといって圧倒的勝利を収めることもできないというものであった。むしろ英米ソの支援を受けた中国側の抗戦力の「優位性」を、報告書は浮き彫りにした。この結論は、日中戦争の解決策を南進政策で切り抜けようとしていた陸海軍軍人には好評だったが、常勝日本軍を確信していた面々には不評だった。だから一方で、飛行機を飛ばして中国各地や日本での報告会を準備してくれる軍幹部がいる反面、「貴様とは意見が違う」と軍刀を握りしめて詰め寄る参謀もいるという具合で、評価は毀誉褒貶《きよほうへん》相半ばした。

しかし、こうした大胆な結論が出せるのには、それなりの裏づけがあった。彼らは上海の抗日書店から毛沢東、朱徳ら中国共産党幹部の講演集や各種の関連文献を買い集めて分析しただけでなく、この報告書作成に参加した中西功は、日本の支那派遣軍司令部と中国共産党の双方にコンタクトをもち、両者から極秘情報を得られる立場にあったという。中西は四二年には対日諜報活動をおこなったとされる「中国共産党諜報団事件」の廉《かど》で検挙されている。また調査団の一員として「大きな寄与」をしたとされる尾崎秀実《ほつみ》は、時の総理大臣・近衛文麿のブレーンとして最高機密に接しうる位置にあった。

しかも、尾崎はコミンテルンから派遣されたスパイ、ゾルゲを通じてソ連やコミンテルンの情報を入手できる立場にあった。したがって、報告書作成メンバーは、国際的視野から客観的に日中双方の抗戦力を検討できるネットワークを持っていたのである。

「日満支ブロック・インフレーション調査」

「支那抗戦力調査」につづいて、四〇年度からは「日満支ブロック・インフレーション調査」が実施された。四〇年七月末に調査研究案が決定、八月には実施に移され、翌四一年二月には五本の報告書の取りまとめがおこなわれている。これも作業が基本的に完了するのにさして時間がかかっていない。「支那抗戦力調査」同様、その作業の速さには驚嘆せざるを得ない。

調査の課題は、日本帝国版図《はんと》内でのインフレの具体的状況を調べ、その対策を考えることにあった。この問題は、突き詰めていけば、日本の戦争経済の問題点そのものに行き当たる可能性を秘めていた。なぜなら、日本経済は対外貿易に多くを依存しており、獲得外貨を軍需に振り向けた結果、軍需予算の激増と通貨の増加は、民需の犠牲・縮小とあいまって、庶民の生活に不可欠な消費物資の極端な不足を生み、悪性のインフレを引き起こし、それが植民地に拡大するなかで、国民経済の破綻を生む恐れがあったからである。

「日満支ブロック・インフレーション」調査報告書は、その結論として、控えめではあるが、計画的な戦時経済政策の推進と寄生的・高利貸的活動の抑制を提言していた。しかしこれを延長していけば、日本の戦争経済政策の見直しと中国からの撤兵による戦線の縮小につながることは必至であった。

この調査に関わった調査部の古参リーダー渡辺雄二は、後に満鉄調査部事件に連座して収監されるが、その獄中手記「中核体に就《つい》て」で、現状のままでいけば、インフレ急伸のなかで一九四〇年夏には日本経済は破綻し、暴動が起きかねない状況に立ち入ることを想定していた（小林英夫・福井紳一『満鉄調査部事件の真相』）。

戦時経済調査

一九四一年度になると、先の「日満支ブロック・インフレーション」につづき、戦時経済調査が立案、実施された。すでに四一年初めから次年度の調査方針の検討がはじまり、調査部での活動の一体化を図るために総合委員会の設置が決定されていた。戦時経済調査はこの委員会のもとで具体化され、四一年六月に会議をおこない、日本の重工業確立、占領地資源確保、インフレ対策といった調査課題を打ち合わせ、調査活動の一体化を確認した（満鉄調査部編『満鉄調査部報』）。四一年八月には大連で会議を開き、実作業に入った。作業過程で理論上、資料上の制約条件のため調査活動は困難をきわめた。

いずれにせよ、「支那抗戦力調査」「日満支ブロック・インフレーション」調査報告書は、日本の戦争継続能力に疑問を投げかけるものであり、軍部の期待に反するものであった。しだいに軍部との対立を深めはじめた満鉄調査部に何らかの「制裁」が加えられることは時間の問題だった。

2　関東憲兵隊と満鉄調査部事件

関東憲兵隊

関東憲兵隊がひそかに動きはじめた。憲兵とは一般的には通常の警察の権限が及ばない軍隊内の犯罪を取り締まる軍事警察官のことである。しかし、日本の憲兵の場合には軍人以外に対しても警察権を有し、特別高等警察（特高）とともに政治思想を取り締まるため左翼運動や労農運動といった大衆運動にも介入、人権を蹂躙《じゅうりん》することが多かったので「泣く子も黙る憲兵」ともいわれて恐れられた。

一方、アメリカ陸軍の警察組織であるＭＰ（Military Police）は、あくまで軍隊内の犯罪摘発に限定されており、その意味では民間人まで取り締まる日本軍の憲兵とは性格が大きく異なっていた。憲兵は植民地や占領地では、治安維持や防諜活動にも従事した。

日本での憲兵隊の歴史は一八八一年の東京憲兵隊の創設にはじまる。その後、大阪、仙台、名古屋に憲兵隊が置かれるが、八九年には憲兵司令部が設置された。以降憲兵隊は日本の主要都市に配置され、さらに植民地となった台湾と朝鮮にも置かれることとなる。

関東憲兵隊の誕生は一九〇五年一二月、ポーツマス条約締結直後のことであった。ここでいう関東憲兵隊の「関東」とは関東州のことで、関東州とは一九〇五年のポーツマス条約の結果、ロシアから奪取した遼東半島南部（軍港の旅順と貿易港の大連）の日本の租借地のことである。関東憲兵隊の本部は当初旅順に置かれ、満鉄沿線に分隊が配置されていた。満洲事変時には関東軍の作戦に協力して抗日運動の探索や要人警護にあたり、満洲国建国後は反日運動や日本人の反政府運動の取締りの最前線にあって活動をおこなった。三五年に東条英機が関東憲兵隊司令官に就くと、新たに憲兵隊司令官をトップに警務統制委員会が組織され、満洲国の警務はすべて関東憲兵隊の指揮下に入ることとなり、憲兵隊のネットワークは以前と比較にならぬほど強化された。

さらに四一年一二月の太平洋戦争の勃発で思想対策はいっそう強化された。英・米国人を中心に郵便・通信検閲は強化され、関東憲兵隊の配置も広がりと厚みを増した。そんな矢先に関東憲兵隊の内偵活動がはじまったのである。対象は佐藤大四郎らが活動していた合作社組織だった。

佐藤大四郎と合作社運動

関東憲兵隊が捜査の的に絞り込んだ合作社とは一体何か。なぜ、そこに的を絞ったのか。まず、合作社とは何かということからはじめよう。

周知のように当時の中国東北は農業地帯で、この地域の人口の八割は農民であった。したがって農民をコントロールすることなくしては治安の安定はありえない。当時の中国東北地方は、「三位一体」の支配と称されたように地主、商人、高利貸の三者がこの地域の支配者で、一般農民は悲惨な生活を余儀なくされていた。その支配者の象徴ともいえるものが糧桟《リャンザン》、つまり大豆を扱う糧穀商で、多くは金融業者を兼ね、春耕資金を貸し出すことを通じて耕作農民を支配していた。

これに対して満洲国政府は、農業流通機構の完全掌握と政府の支配を農村の末端まで貫徹させるために、一種の協同組合に当たる農事合作社の組織化に乗り出した。この農事合作社は、一方で政府の統制機関として満洲農民を組織し、戦時増産を担わせる役割を果たすと同時に、他方では糧桟の支配にさらされている農民を救済するものでもあった。

したがって、農事合作社の組織化が満洲国内で立案される過程には、さまざまな思惑をもって、「満鉄マルクス主義者」、「建国の理想主義者」、関東軍、「革新官僚」らが呉越同舟の状況で参画した。前述した湯崗子温泉での会議に参加していた押川一郎やその仲間である小泉吉雄らがこれに参加したことはいうまでもない。そうした勢力のなかにはより幅広く橘樸や彼の影響を受けた満鉄マルクス主義者たちもいた。『満洲評論』に参画し、その後、協同組合運動に入り、「合作社事件」で検挙されることになる佐藤大四郎も橘の思想的影響を色濃く受けた一人だった。

満洲国政府は、合作社の組織化を三七年六月に決定する。この決定には橘樸の思想的影響を受けた「満評派」「年報派」に属する大上末広、小泉吉雄、野間清、佐藤大四郎らが深く関わっていた。そのなかで佐藤は、『満洲評論』編集長のポジションを辞して、三七年一月には北満濱江《ひんこう》省綏化《すいか》県に赴き、農村協同組合運動を開始していた。彼は浅草の裕福な医師の家庭に育ち、第一高等学校時代に共産青年同盟で活動、治安維持法違反で検挙され、一高除籍になった「前歴」があった。出獄後に渡満した彼は『満洲評論』の編集作業に従事していた。

佐藤が、北満の濱江省で協同組合運動を開始したのには、それなりの理由があった。ここは「三位一体」機構で支配された北満農村の典型地域だったからである。彼がはじめた農村協同組合は、三七年六月の満洲国政府決定の「農事合作社設立要綱」にともない同年九月には農事合作社に改組された。佐藤は、この運動の目標を糧桟からの貧農救済に置いたため「濱江コース」と呼ばれ注目を集めた。この運動には佐藤の主張に共鳴する日本人が集まったが、「前歴」のあるものが多く、しかもなかにはソ連のコルホーズ（集団農場）、ソホーズ（国営農場）気取りで、左翼的言辞を吐いてはしゃぐ者もいたという。ただでさえこの「前歴」者集団の貧農救済運動に監視の目をむけていた憲兵隊も、彼らが「ソ連気取り」の動きを示すなかで、内偵の網を打ちはじめた。

検挙の発端と顚末

彼らの運動は満洲国産業部からも過激と見なされ、三七年には当時産業部次長だった岸信介が、地主で大豆の流通を担当する旧勢力の代表・糧桟との妥協を訓示するほどで、産業部は農事合作社の金融合作社への統合を図るなど、しだいに合作社運動を抑え込む方向に力を注ぎはじめていた。

佐藤大四郎らはこうした措置に怒り、産業部に激しく抗議する動きを見せた。両者の対立が深まるなかで、佐藤は三九年一〇月、新京（長春）の興農中央会資料部へと左遷され運動の現場から除かれた。満洲国政府は、合作社運動を徹底的に抑え、政府機構のなかに取り込むことを模索しはじめたのである。

その一環ともいえようが、四〇年七月、関東憲兵隊が動きはじめた。協和会中央本部の平賀貞夫が日共再建運動の廉《かど》で警視庁に検挙され、彼の自供から濱江省農事合作社の左翼前歴者多数が共産主義運動を展開しているとの情報をつかんだ関東憲兵隊は四〇年一二月、特別工作班を編成し、捜査を本格化させた。内偵の結果、四一年六月頃に協和会や合作社内に国策に便乗した共産主義運動を確認、同年七月、北京興農合作社連合会の情野《せいの》義秀が公金費消の暴露を恐れ逃避するとの情報をつかむと、憲兵隊は一〇月彼を検挙、これを機に合作社への検挙が開始された。

四一年一一月四日、関東憲兵隊の手で中国東北各地で五十余名の合作社運動関係者が検挙された。合作社事件では、満鉄調査部から協和会に転じた鈴木小兵衛や、満鉄調査部員の花房森、佐藤晴生も検挙された。検挙と同時に家宅捜索、左翼文献の押収がおこなわれた。

当初、これだけ大量の左翼運動者の捜査には不慣れだった憲兵隊員のために急遽特訓がおこなわれたといわれる。また、拷問などを用いた過酷な取り調べは、かえって彼らの反発を招く恐れが大きかったため、「国民的良心を喚起せしめ、自発的自供に仕向けることを本則」とする方針をとったともいう。これまでの一問一答方式の尋問を手記に替えたのも、この事件の取り調べが最初だった。合作社事件で編み出されたこれら一連の捜査方法は、つづく満鉄調査部事件でも踏襲されることとなる。

判決では情野義秀ら五名が「満洲国」転覆を目的に「中核体」を結成した廉で無期徒刑、「濱江コース」関係者は佐藤大四郎の徒刑一二年を最高に五名が有罪となった。

事件への発展

しかし、事件はこれで終わらなかった。これははじまりの終わりでしかなかった。合作社運動関係者で逮捕された鈴木小兵衛の供述から、満鉄調査部員がこれに関わっているとの情報を得るに及んで、事件は新たな展開を見せる。憲兵隊は、合作社事件の裏に大掛かりな反政府集団ありとにらんで探査を開始、四二年七月関東憲兵隊司令部警務部思想班が発足し、満鉄調査部員の著作物を調査した。憲兵隊の調査には合作社事件で逮捕された鈴木小兵衛、深谷進らが協力した。

四二年九月一七日、関東憲兵隊は「関東憲兵隊命令」を発し、九月二一日をもって一斉検挙を断行する方針を決定した。二一日早朝、憲兵隊はいっせいに動き満鉄社員の逮捕にむかった。被疑者の一人だった野々村一雄は、『回想 満鉄調査部』(勁草書房)のなかで、次のように述べている。

「九月二十一日、午前六時、五人の憲兵が、僕の家を襲った。(中略) 実際には、二人の私服が僕の家のベルをならし、丁寧な口調で、『ちょっとおたずねしたいことがありますので、憲兵隊までおいでねがいたい』という口上を述べた。/家内が『朝食をとらせていただきたいのですが……』というと、『隊の方で用意しますので、すぐにおいでいただきたい』ということであった。とりあえずお茶だけ飲むことにして食卓で言葉少なく家内と会話した。そこまで憲兵は、たちいらなかった。子供たちは眼をさまさなかったが、当歳の娘だけが眼をひらいて、僕をみつめていた。/家内は洗面道具と当座の下着とを包みにして僕にわたした。僕は、いつもと同じ夏の軽装で、

満鉄調査部事件検挙者一覧

氏名	年齢	学歴	職歴	前科・逮捕歴	検挙日時
稲葉四郎	34	東京帝大経済学部卒	満鉄調査部（三四）	説諭釈放（三二）	一九四二年九月二一日
石田精一	38	九州帝大法文学部卒	満鉄調査部（三八）	懲役二年執行猶予（三四）	一九四二年九月二一日
石田七郎	34	東亜同文書院卒	満鉄調査部（三〇）	なし	一九四二年九月二一日
石井俊之	37	京都帝大院法学部中退	満鉄調査部（三四）	なし	一九四二年九月二一日
石川正義	31	東京帝大経済学部卒	満鉄調査部（三九）	なし	一九四二年九月二一日
石堂清倫	40	東京帝大文学部卒	日本評論社（三四）、満鉄調査部（三八）	懲役二年執行猶予（三三）	一九四三年七月一七日
伊藤武雄	49	東京帝大政治学科卒	満鉄調査部（二〇）	なし	一九四三年七月一七日
花房　森	36	早稲田高等学院露文科中退	満鉄調査部（四〇）	懲役二年執行猶予（三三）	一九四一年一一月四日
狭間源三	34	大阪商大卒	満鉄調査部（三九）	なし	一九四二年九月二六日
林田丁介	35	東京帝大経済学部卒	満洲評論社（三七）、大連都市交通（三八）	起訴猶予（三三）	一九四二年九月二一日
西　雅雄	48	岡山県立高梁中学卒	満鉄嘱託（三九）	禁固八ヵ月（二六）	一九四二年九月二一日
堀江邑一	48	京都帝大経済学部卒	満鉄嘱託（三九）	懲役二年執行猶予（三四）	一九四二年九月二一日
発智善次郎	32	東京商大附属高等専門部卒	満鉄調査部（三三）	なし	一九四三年七月一七日
大上末広	41	京都帝大院経済学部中退	満鉄調査部（三二）、京大助教授（三九）	説諭釈放（三六）	一九四二年九月二一日
渡辺雄二	36	東京帝大法学部卒	満鉄調査部（三一）	なし	一九四二年九月二一日

和田喜一郎	39	東亜同文書院卒	満鉄調査部（二九）	なし	一九四二年九月二一日
和田耕作	37	京都帝大経済学部卒	満鉄調査部（三四）	起訴猶予（四二）	一九四三年四月二九日
加藤　清	30	京都帝大経済学部卒	満鉄調査部（三八）	なし	一九四二年九月二一日
吉植　悟	33	東北帝大文学部卒	満鉄調査部（三七）	なし	一九四二年九月二一日
吉原次郎	29	拓殖大商学部卒	満鉄調査部（三七）	なし	一九四二年九月二一日
米山雄治	33	東京帝大文学部中退	満洲評論社（三七）、満鉄調査部（三九）	検束（三二）	一九四二年九月二一日
横川次郎	43	東京帝大法学部卒	満鉄調査部（三六）	なし	一九四二年九月二一日
田中九一	48	東京帝大法学部卒	満鉄調査部（二一）	なし	一九四三年七月一七日
代元正成	32	東亜同文書院中退	満鉄調査部（三六）	懲役一年執行猶予（三三）	一九四三年七月一七日
武安鉄男	35	東京帝大経済学部卒	満鉄調査部（三三）	検束（三一）	一九四三年七月一七日
長沢武夫	40	東京帝大文学部卒	満鉄調査部（三四）、浙江省政府（四二）	なし	一九四二年一〇月四日
野間　清	37	京都帝大法学部卒	満鉄調査部（三一）	なし	一九四二年九月二一日
野々村一雄	31	大阪商大卒	満鉄調査部（三九）	検束（三一）	一九四二年九月二一日
栗原東洋	28	北海道帝大予科中退	満洲評論社（四〇）	なし	一九四二年九月二一日
具島兼三郎	39	九州帝大法文学部卒	満鉄調査部（三七）	なし	一九四二年九月二一日
松岡瑞雄	39	京都帝大院文学部中退	満洲評論社（三五）、満鉄調査部（三六）	拘留（三一）	一九四三年三月二三日
小泉吉雄	34	哈爾濱日露協会学校中退	満鉄調査部（三〇）	拘留（二八）	一九四二年九月二一日
枝吉　勇	40	東京帝大経済学部卒	満鉄調査部（三五）	検束（三二）	一九四三年一一月一日
佐藤　羊	31	東京帝大経済学部卒	満鉄調査部（三九）	検束（三三）	一九四二年九月二一日

佐藤晴生	34	早稲田高等学院中退	満鉄調査部（三九）	懲役三年（三三）	一九四二年四月二九日
佐瀬六郎	36	東京帝大法学部卒	満鉄調査部（三四）	なし	一九四三年七月一七日
三浦　衛	32	上智大予科中退	満洲評論社（三九）、大連日々新聞社（四一）	拘留（三三）	一九四二年九月二一日
溝端健三	30	哈爾濱学院卒	満鉄調査部（三六）	なし	一九四二年九月二一日
三輪　武	38	京都帝大経済学部卒	満鉄調査部（三三）	なし	一九四二年四月二六日
下條英男	40	東京商大卒	満鉄調査部（三八）	なし	一九四二年九月二一日
守随　一	40	東京帝大経済学部卒	満鉄調査部（三八）	なし	一九四三年七月一七日
平野　蕃	35	東京帝大農学部卒	満鉄調査部（三五）	自首・訓戒（三三）	一九四三年七月一七日
鈴木小兵衛	43	東京帝大文学部中退	満鉄調査部（三五）、協和会（四〇）	懲役二年執行猶予（三四）	一九四一年一二月三〇日
鈴江言一	49	明治大中退	著述家、満鉄調査部嘱託（二六）	なし	一九四二年九月二七日

年齢は検挙時のものとし、学歴は最終学歴とした。職歴は、満鉄調査機関（経済調査会・産業部・調査部）に所属したことのある者は満鉄調査部と表記し、（　）内に満鉄入社年の西暦の下二桁を記載した。前科・逮捕歴は主要なものを記載し、その西暦の下二桁を（　）内に記した。

出典　関東憲兵隊司令部編『在満日系共産主義運動』及び「新史料」

憲兵の車にのった。手錠ははめられなかった。僕には二人の憲兵が同行し、あとの三人は家に残った。この三人が家の中へ土足であがりこみ、徹底的な家宅捜索をおこない、僕の蔵書をごっそりトラックにのせてもって行った」

憲兵隊の捜索にしては、言葉は丁寧、つかのまとはいえ妻との私的会話を許し、手錠をはめずに同行するなど扱いは穏便だった。検挙者に対しては丁重に扱い、拷問や暴行といった手段は用いてはならぬ旨の指令が各憲兵隊員に指示されていた。

この検挙で逮捕されたものは大上末広、吉植悟、小泉吉雄、稲葉四郎、渡辺雄二、堀江邑一、具島兼三郎ら三二名であった。これで調査部は機能不全に陥った。しかし検挙はこれにとどまらずさらに進むと察知した満鉄幹部は、ダメージを少なくしようとして、こともあろうに憲兵隊に左翼思想者リストを提出した。これは、「知の集団」と別称された満鉄調査部の自己否定的行動だった。これに基づき四三年七月一七日、憲兵隊は第二次検挙を実施し、石堂清倫《きよとも》、伊藤武雄ら満鉄調査部員一二人を検挙した（「満鉄調査部事件検挙者一覧」参照）。

掘り出された「獄中手記」

収監された彼らは拷問こそ受けなかったものの、厳しい憲兵の取り調べが待っていた。彼らは憲兵の訊問を受け、さらに交友関係やこれまでの活動記録を手記として書き綴ることを求められた。それは憲兵隊の承認を得るまで繰り返し書き直しを命ぜられた。

「マルクス主義思想を持つ友人との関係を断ち切らねば絶対に完全な転向は出来ない」ので「友人の思想について分析し、執筆すること」が求められたと、検挙された元満鉄調査部員の石川正義は述べている（石川正義「取調に対する自己の心境」）。

二〇〇三年夏、彼らが残した一四九三ページに及ぶ手記が復元されて公開されたが、この手記は敗戦間際の四五年八月九日、ソ連軍がソ満国境を越えてなだれをうって侵攻した時、憲兵隊司令官の命令で、関東憲兵隊司令部敷地内において焼却処分に付され、地中深く埋められていた機密文書類の一部である。実際にはソ連軍の侵攻が予想外に早かったため、完全には焼却できずに埋められたのであった。

戦後、関東憲兵隊司令部の建物を引き継いだ吉林省人民政府が一九五三年に増設工事をおこなった際、偶然にこの埋没した「関東憲兵隊史料」を発見、吉林省公安局が復元し、八二年三月、吉林省檔案館に移管したものである。そして二〇〇三年夏に公開されたのである。したがって、この「関東憲兵隊史料」は、完全なかたちで残されているものは少なく、多くはページが飛んだり、破損したりしていて判読不能な個所も少なくない。しかしこの史料のおかげで、これまでベールに包まれていたこの事件の真相が明らかになった。

手記の内実

これまで多くの人々は、この満鉄調査部事件を関東憲兵隊司令部編『在満日系共産主義運動』（一九四四年）に依拠して語ってきた。関東憲兵隊自身がこの事件の顚末を記したこの本は八五一ページにおよぶ内部資料で、極秘に作成され、元来は人の目にふれるものではなかったが、一九六九年に極東研究所出版会から復刻されたことで多くの研究者の知るところとなった。

この『在満日系共産主義運動』によれば、満洲の日本人共産主義者が合作社や満鉄調査部といった合法機関に入り込み、「中核体」を組織し、『満洲評論』『満洲経済年報』『満鉄調査月報』などの各種合法出版物や、「支那抗戦力調査」「日満支ブロック・インフレーション調査」といった国策調査活動を通じて内部から国家転覆運動を展開していたので、これを察知した憲兵隊が検挙、投獄した、としている。

はたしてこれは事実なのか、それとも憲兵隊の捏造なのか。この点は正直よくわからなかった。しかし、このたび『在満日系共産主義運動』の基礎となる手記が公開されたことで、かなりのことが判明したのである。

まず、この事件の発端は、合作社事件で逮捕された鈴木小兵衛が「取調官の熱意と温情に感激し」、事の「真相」を自白したことからはじまったと関東憲兵隊は『在満日系共産主義運動』で書いている。これは誤りとはいえないが、必ずしも正確ではないことがわかった。検挙者たちの手記を読む限り、関東憲兵隊に積極的に協力して情報を提供した人物として、鈴木小兵衛以外に田中武夫、深谷進、稲葉四郎、小泉吉雄の四人がいる。これらのなかで合作社事件に関わったのは田中武夫と深谷進だが、田中は「満鉄調査部に於ける左翼勢力の歴史的社会的考察」なる、タイプで一一六ページの長大な「論文」を書き、「経調派」形成の経緯、人間関係、鈴木らの「外来派」の登場と両派の葛藤、在満日系共産主義者の形成、事件にいたる経緯を事細かに記述している。憲兵隊が、前掲『在満日系共産主義運動』を執筆するには都合のよい材料を提供したことになる。深谷も手記のなかで農事合作社運動への関わりあい、「濱江コース」の普及過程、鈴木小兵衛、佐藤大四郎との交流について詳細に記述している。

「外来派」のリーダーだった鈴木も手記のなかで、詳細に宿敵「経調派」がいかに国策に便乗して己の主義を政策に盛り込んだかを書いている。しかし鈴木の関心は、学問的対立点の究明に重点が置かれ、事件そのものよりは経調派への学術的批判のウェイトが高い。

稲葉四郎、小泉吉雄も自己の行動記録を手記に詳細に記している。稲葉は総合調査の内実を、小泉も国策に深く関わっただけに各時期の人間関係を詳細に記述している。逆にもっとも非協力的だったのは大上末広、石堂清倫である。石堂清倫の手記の内容は、もっぱら己のことに終始し、ほかの五人とは対照的に交友関係への言及がすこぶる少ない。

中核体の結成

検挙された被疑者たちが問われた罪は満洲国治安維持法違反であった。満洲国治安維持法は「国体変革」「凶悪手段による安寧秩序紊乱」を目的とした「団体」の結成者、謀議参与者、指導者に最高刑死刑を科す治安立法で一九四一年に制定された。

一方、一九二五年に制定され、二八年に改正された日本の治安維持法は「国体変革」「私有財産制度否認」を目的とした「結社」の組織者、役員、指導者を最高刑死刑とするものであった。両者の大きな違いは、日本の場合には「結社」に対して適用されたのに、満洲国の場合には、それより広く解釈できる「団体」に対して適用された点にある。

関東憲兵隊の取り調べもここに重点が置かれていた。憲兵隊は最初、「結社」をつくって活動していたのではないかと想定していたが、取り調べが進むと、しだいに彼らの関心は渡辺雄二らが組織したとされる「中核体」なる団体結成問題へと収斂《しゅうれん》していった。関東憲兵隊の判断は、満鉄調査部員の多くは合法的偽装のもと、各種政府委員会や『満洲評論』『満洲経済年報』で「上からの革命」を企てていたが、その多くは「団体」を結成するにはいたらず、松岡瑞雄らの「新京グループ」と渡辺雄二らの「中核体」だけがそれらと区別され、「共産主義社会を建設する」ことを目的に活動し、満洲国治安維持法でいう「団体結成罪」を構成しうると見なされた。

渡辺雄二の供述によれば、一九四〇年代中頃にインフレの進行のなかで経済破綻が到来するので、それに備えて満鉄調査部内の左翼分子を結成するように満鉄嘱託尾崎秀実から指示があり、これを受けて渡辺は、野間清、松岡瑞雄、石田七郎、三輪武を中核メンバーとし、稲葉四郎、村越司を参与者として謀議を重ね、四〇年三月大連本社で開催された業務掛主任会議にかこつけて大連大和ホテルの一室で中核体を結成した、という（関東憲兵隊司令官「九、二一事件に関する件報告『通牒』第四報」）。

稲葉の手記でも同様のことが述べられている。つまり、渡辺から近年、満鉄調査部の理論水準が低下し、縄張り争いが激化して分裂の危機があるので、これを食い止め「理論戦線の統一」と「同志意識の向上」を図る必要があり、「中核体」結成はその第一歩、といわれ、これに「全く賛成」し、「革命情勢到来の促進に寄与」するために「中核体」結成に乗り出した、と述べている（稲葉四郎「手記」）。

したがって公平にみれば、渡辺らの動きは、「理論水準の高い調査」を「同志的結束」をもっておこない、国策に関与するための「核作り」を試みたのであって、憲兵隊がいう「非合法」の共産主義団体結成の動きとはいいがたかった。しかし尾崎の指示で開始された「中核体」結成の動きは、戦争下で思想的引締めを図る憲兵隊にとっては大きな関心をもつのに十分なものであったといえよう。

コミンテルンとの接触疑惑

小泉吉雄の手記には、尾崎の指示でコミンテルンと接触し、関東軍司令部爆破を計画したという記述も出てくる。小泉は一九一〇年京都生まれで、哈爾濱日露協会学校中退。一九三〇年、満鉄に入社し調査部門で活動した。その後関東軍へ出向し農業、農業政策を担当、さらに企画院へ出向して、基本国策要綱の作成に従事し、昭和研究会で尾崎らとも行動をともにした。帝大出が主流を占める調査部のなかでは異例の出世といわねばならない。

国策立案中枢にいた小泉が検挙され、入獄した際に書いた手記では、四一年九月に尾崎が渡満した際、彼と語らって渡辺雄二らとともにコミンテルン極東支部員と接触し、「満鉄社内同志組織とコミンテルンとの関係」をつくることを画策したという。

また、四一年七月に実施された満洲での対ソ戦を想定した関東軍の大演習作戦、「関特演」（関東軍特種演習）に鑑み、尾崎は渡辺を通じ、小泉に対ソ戦時には混乱に乗じて関東軍司令部を爆破するよう指令を出したと述べている（小泉吉雄「手記」）。憲兵が描いた筋書きにしたがって書いた手記であっても、国策の中枢にいた人物の供述だけに事は重要である。当然のことながら憲兵はこの立件に全力を挙げることとなる。戦後の小泉の回想記『愚かな者の歩み――ある満鉄社員の手記』（私家版）によれば、尾崎と語らった際、入党の証としてソ連金貨を受領し、これを借家の庭に埋めた旨を供述したところ、その探索をめぐり家族が憲兵隊に呼び出され、えらい目にあったと記している。しかしどこを掘り返しても、結局、問題の金貨は出てこなかったと記述している。

転向の弁

彼らは一様に手記の最後を反省と転向声明で結んでいた。

石田精一も例外ではない。彼は九州帝大を卒業後、左翼運動に入り、検挙された後「転向」、三八年に満鉄に入社し調査活動に従事、満鉄調査部事件に連座している。人脈的には「外来派」「資料課派」の一人ということができる。石田の場合は、「合理主義理論を絶対的なもの」「至上のもの」と考え、その思考方法の一つの極致がマルクス主義だと位置づけて行動してきたという。しかし戦争開始以降はこの合理主義的思考方法の欠陥、無力さを自覚した、というのである。

「大東亜戦争について判断するには人間理性以前の事実である日本精神を理解することが必要でありますが、合理主義に立脚する限り日本精神を理解することは不可能であり、従ってまた大東亜戦争に関する合理主義的判断が次々に破綻を来《きた》したのはまことに当然のことであります。（中略）日本精神は学問によって学ばれるものでなく日本人が日本人として心を正しくし己を空しくすれば自然に体得出来る性質のものであります、それ故日本精神は日本人以外には体得することが困難であると共に日本人ならば誰でも体得することが出来るのであります、従ってまた日本精神の根源をなす我国体を合理主義的理論を以て解釈しようとするのも大きな誤りであります」（石田精一「現在の心境に就て」）

孝の道に立って夫婦兄弟が睦まじく過ごし、親子が信頼し、人には義理人情を尽くし、その上に国家にご奉公する、という日本人のみが持ちうる「日本精神」は、西洋合理主義の極致たるマルクス主義とは相容れないものだということを声明させられたのである。転向声明のこのパターンは、憲兵の誘導によるものであろうが、ほぼすべての手記執筆者に共通していた。マルクス主義に包含されるすべての「日本精神」に反する思想は、「日本精神」というカテゴリーに強制的に包含させられたのである。

判決

検挙者四四名中、鈴江言一ら四名が釈放され、四〇名が起訴された満鉄調査部事件は、一九四五年五月に判決を迎える。大上末広、発智善次郎、佐藤晴生、西雅雄、守随一《しゅずいはじめ》の五名は獄死した。多くが監獄内での不衛生と栄養不良から発疹チフスで死亡したのである。伊藤武雄、花房森ら一五名が保釈され、残りの二〇名が判決を受けた。最高刑は「中核体」結成に携わった渡辺雄二と松岡瑞雄の徒刑五年で、全員執行猶予付きであった。

ところが田中武夫と深谷進は、合作社事件で済んでいて満鉄調査部事件には登場していない。なぜ関東憲兵隊は一足先に田中と深谷の件を処理しようとしたのだろうか。田中武夫の戦後の中国での自白によれば、憲兵隊は合作社事件と満鉄調査部事件の検挙者のなかから「密偵組織」をつくり、在満日本人の動向を調査させており、リーダーは鈴木小兵衛で、田中武夫、野間清らを構成員としていたという（松村高夫「フレーム・アップとしての満鉄調査部弾圧事件〈一九四二・四三年〉」『三田学会雑誌』二〇〇二年四月）。

石堂清倫も大連憲兵隊から軍の指定する任務に就くことを再三要求された。それを断ったところ、懲罰で召集令状が来たという。彼も鈴木、田中、野間と同様に憲兵隊に協力する密偵となることを求められたのであろう。石堂は『わが異端の昭和史』のなかで、「鈴木（小兵衛）や佐藤（晴生）や深谷進や花房森が、かつての同僚の論文や報告書の紙背に徹するような鑑定と評定をおこなった。すべてのことを共産主義活動の目的のためのものとこじつけた。彼らはそのためはやく身柄を自由にしてもらった」とも書いている。

3　事件の真相

尾崎秀実と事件の関係

今回の手記によって、関東憲兵隊司令部編『在満日系共産主義運動』でははっきりしなかったいくつかの事実が明らかになった。一つは、これまで鈴木小兵衛の供述をきっかけに合作社事件が満鉄調査部事件へと展開したといわれてきたが、鈴木以外にも田中武夫、深谷進らが手記のなかでそれぞれ詳細に交友関係を語っていることである。前述したように、その「功績」もあったのだろうが、田中、深谷は合作社事件で終わり、早期に釈放されている。

では、『在満日系共産主義運動』でいうように、満鉄調査部員たちは、「中核体」を結成し、雑誌、新聞、国策立案活動を通じて共産主義運動を極秘に展開していたのだろうか。今回の新史料によれば、渡辺雄二が中心となり「中核体」を結成した点は従来通りだが、事件の中心ともいうべき「中核体」のメンバーが、取り調べの段階では渡辺雄二、野間清、松岡瑞雄、石田七郎、三輪武の五名で、謀議参与者が稲葉四郎、村越司だった（関東憲兵隊司令官「九、二一事件に関する件報告『通牒』第四報」）のが、『在満日系共産主義運動』では稲葉、村越が落ち、三輪武が参加者に、野間清が謀議参与者に変わるのである。三輪は、取り調べの段階から結成時の会合には参加していないと記述されているから、参加者に変わるのは理解できるにしても、なぜ稲葉、村越が落ち、野間が謀議参与者となったのかは、不明である。

さらに大きい位置づけの変化は、尾崎秀実とこの事件の関係である。取り調べでは、尾崎の指示で「中核体」が結成され、彼の紹介で渡辺らがコミンテルンと接触し、さらには彼の指令に基づき日ソ戦争勃発の折には「中核体」メンバーは満洲の通信施設の破壊、輸送の妨害、さらに関東軍司令部を爆破する計画だったという。日ソ戦争時の破壊工作を手記に綴った小泉吉雄は戦後、『愚かな者の歩み』で、取り調べで錯乱したのでそうしたことを語ったと回想しているが、真相は定かではない。

しかし、今回の新史料の出現でハッキリしたことは、関東憲兵隊が取り調べの段階で得た「中核体」メンバーや尾崎と満鉄調査部事件の関連情報を『在満日系共産主義運動』では変更および消去したという事実である。換言すれば、関東憲兵隊は尾崎ゾルゲ事件、満鉄調査部事件、企画院事件（後述）の関連を切る方針を固めたということである。それがいつであるかは定かではない。尾崎が逮捕されたのが四一年一〇月、合作社事件が起きたのが翌一一月、満鉄調査部事件が起きたのが四二年九月だから、この一連の絡みのなかで生じたものと思われる。

捜査当局は、当初明らかに尾崎をリーダーとして、渡辺雄二を通じて満鉄調査部内に「中核体」を組織し、小泉吉雄を通じ企画院ともつながり国体変革運動を展開しているものと想定していた。また尾崎を通じて、コミンテルンとの接触を図っているとの疑惑をもっていた。前述した渡辺雄二や小泉吉雄への憲兵の誘導尋問にも似た手記作成過程はそれを物語る。しかし憲兵の懸命な努力にもかかわらず、それを裏づける確たる「物証」が出ないままに、立件を見合わさざるを得なかったのである。手記での尾崎の位置と『在満日系共産主義運動』での彼の位置づけの相違は、そうしたことに由来するのだろう。

尾崎秀実と「東亜協同体論」

では、満鉄調査部の嘱託としてこの事件に深く関わった尾崎秀実とはいかなる人物か。尾崎は一九〇一年東京に生まれた。生後すぐに両親とともに台湾に渡り一八歳まで植民地で青春時代を過ごしている。台北中学から一高、そして東京帝国大学を卒業後の二六年、東京朝日新聞社へ入社、革命運動渦巻く上海を中心に記者活動を展開した。

その上海で彼はスメドレーやゾルゲと知り合い親交を深めた。三九年から四一年まで満鉄東京支社調査室嘱託、昭和研究会支那問題研究会に所属、三八年には第一次近衛内閣の、四〇年には第二次近衛内閣の嘱託として政府の中枢で国策立案に関与した。そして四一年一〇月ゾルゲ事件で検挙され、四四年一一月死刑になっている。こうした経歴の彼がコミンテルンの密使だったとあれば事は重大である。これまでも尾崎に関しては、「愛国者」「売国奴」双方の評価があって、毀誉褒貶相半ばしている。

しかし尾崎の言動を見る限り彼が一種の「東亜協同体」の構築を構想して、中国共産党やソ連共産党、コミンテルンとも一面では連携し、一面では利用しながら日本の革新勢力を結集しようとしていたことはまちがいない。

尾崎はこの点に関して多くの論文を発表している(米谷匡史編『尾崎秀実時評集』)。なかでも彼は「『東亜協同体』の理念とその成立の客観的基礎」(『中央公論』一九三九年一月号)のなかで、「民族問題との対比に於いて『東亜協同体論』がいかに惨めにも小さいか」と語り、民族問題の解決なくしては、「東亜協同体」の実現はありえず、その解決には「日本国内の改革」が不可欠であることを明示していた。また彼は論文集『現代支那批判』(一九三八年)のなかでも日中戦争への展望を通じて、それが民族問題の解決、「東亜協同体」実現の契機となることを念じた論を展開していた。したがって尾崎は、社会主義ソ連を守れといった単純なコミュニストではなく、「民族主義」をふまえた東アジア社会の連繫、「東亜協同体」の実現を目指していたジャーナリスト、行動的思想家だったと思われる。ゾルゲとの接触もそうした意図から出たものであった可能性が高い。
したがって、満鉄調査部、企画院とつながりをもち、日本の政治中枢にも入り込んで日中戦争の行方を「東亜協同体」実現にむけ発言する尾崎は体制内批判者として危険な存在と映ったことはまちがいない。そして彼を葬るための最大の仕掛けこそが、コミンテルンのスパイ、ゾルゲを通じたソ連への利敵行為による治安維持法違反にほかならなかった。

「満鉄マルクス主義」の合理的思考

尾崎を媒体にゾルゲ事件と結びつけようと考えた憲兵隊の意図は、満鉄調査部の「マルクス主義」者による国体転覆の試みを摘発、検挙することにあったのは明白である。

他方、収監された彼らの発想の根底に「マルクス主義」があったことは事実である。『満洲評論』『満洲経済年報』はむろんのこと、大上たちが作成した「満洲産業開発永年計画案」や尾崎秀実、中西功、野間清、具島兼三郎らが作成した『支那抗戦力調査報告書』を見てもマルクス主義をベースにした「講座派」や「労農派」の理論的影響は濃厚だった。しかし彼らの「マルクス主義」も、「原論」に忠実な鈴木小兵衛から、橘樸の影響を強く受け満洲の「現実」を重視する大上末広に至るまで広い幅をもっており、なかにはそこから飛び出してより強固な結束を求めて「中核体」結成に動いた渡辺雄二や、「書斎的作業」を放棄して北満の野に出た左翼ロマンチスト佐藤大四郎まで含んでいた。

このように「満鉄マルクス主義」と称された思想も一皮剝《む》けば、さまざまだった。しかし、彼らの多くが「現実」を批判的精神で観察し、批判的に行動するという点では共通項をもっていた。そしてその批判も国策に協力できる範囲を超えるものではなかった。大局的観点からみれば、国策に対して批判的視点をもちつつも、満洲国から見て合理的とされる行動をとっていたのである。「満鉄マルクス主義」をあえて特徴づけるとすれば、合理的思考の追求にあったといえよう。

企画院事件

合理的思考をしたのは満鉄調査部だけではない。同じ国策立案グループの企画院にも同様な行動を志向する集団がいた。企画院は、日中戦争勃発直後に企画庁と資源局が合体してつくられた戦争経済の総司令部ともいえる組織で、一九三七年から実施された物資動員計画（物動計画）立案の総元締めの役割を演じていた。物動計画というのは、年間の日本の総需要量と供給量を策定し、軍民間の合理的な資材の分配を通じて戦争経済の円滑な運営を図ろうというもので、別名「モノの予算」とも称され、日中・太平洋戦争時期の戦争経済の要をなすものであった。

このスタッフには満鉄調査部から小泉吉雄も出向しているし、関東軍参謀の秋永月三、満洲国高級経済官僚だった美濃部洋次、毛里英於菟《ひでおと》らも席を占めていた。当時の企画院の官僚が抱いていたアイデアの一つが「資本と経営の分離」であった。代表的論客は、近衛のブレーンだった笠《りゅう》信太郎で、一九三九年に『日本経済の再編成』を著し、利潤の統制や経営と資本の分離を大胆に提唱した。戦争という国家目的を実現するためには、利潤統制や専門家による企業運営といった資本主義の原則を修正するような非常手段もやむなしとしたのである。企業家の「聖域」である利潤に手をつけた彼らが「アカ」（共産主義者）呼ばわりをされたとしても不思議はない。革新官僚と企業家の抗争の一つの現われが一九四一年一月から四月に起きた企画院調査官・正木千冬、佐多忠隆、稲葉秀三《ひでぞう》、和田博雄、勝間田清一《かつまたせいいち》らの検挙だった。いわゆる「企画院事件」である。

容疑は統制の名の下に進歩的な政策を実施し、日本共産党の目標実現に努力した、という点にあった。生産力拡充を第一目標に資本主義に修正を迫る「革新」の動きは

「アカ」というわけである。合理的精神やそれに基づく政策は「アカ」というのは、満鉄調査部の活動を弾圧した論法と共通である。この企画院事件で検挙された面々は敗戦後の四五年九月に無罪判決を受けている。

この事件の背後には統制を好ましく思わない企業家以外に「革新」を嫌忌した国本社《こくほんしゃ》などの右翼団体の動きがあったといわれている。釈放された企画院事件のメンバーは、いずれも戦後は経済復興を担った経済安定本部（安本《あんぽん》）に入り、和田は片山内閣時の長官、佐多は財政金融局長、稲葉は官房次長、勝間田は大臣秘書官を務めた。

満鉄調査部の終焉

満鉄調査部事件は、事実上の満鉄調査部の活動の終焉を意味した。大量の検挙者に加え、憲兵隊のさらなる検挙行動を予知した調査部幹部がその捜査に協力するにいたっては、もはや健全な調査活動は望むべくもなかった。四三年五月には大規模の人事異動がおこなわれ調査部は調査局となり、本部は大連から新京へ移転された。たしかに日常の調査活動は継続されたが、反国家思想はむろんのこととして自由主義思想も許容せずという調査局長の指示のもとでは自由な調査は期待できなかった。しかもデータが軍事機密で十分に使用できない状況であれば、科学的な調査活動の余地はすこぶる少なかったといわざるを得ない。軍事機密の範囲は、戦局が悪化すればするほど拡大をとげ、「知の集団」の活動する余地は狭まっていった。敗戦を前に調査部は事実上その活動を終わっていたのである。

第五章　それぞれの戦後

敗戦

一九四五年八月九日、ソ連軍はソ満国境を突破して満洲へなだれ込んだ。すでに南方戦線に主力を引き抜かれ、もぬけの殻同然となっていた関東軍は、随所で戦線を突破され総崩れとなった。

八月一八日、満洲国皇帝の退位が決定され、ここに満洲国は消滅した。八月二〇日にソ連軍が長春に進駐すると、満鉄の山崎元幹《もとき》総裁はソ連軍司令官コバリョフ大将と会見し、満鉄の機構を残してソ連軍の軍政に協力することを約束、その旨を「総裁布告」で社員に伝達した。

満鉄は戦後、中ソ共同で経営することが八月一四日に調印された中ソ友好同盟条約で約束されていた。九月二二日に中国長春鉄道ソ連代表カルギン中将が長春に着任、ここに満鉄は法人格と管理権が消滅して重役は解任された。

東京では、九月三〇日に連合国最高司令官命令で南満洲鉄道株式会社の閉鎖が決定された。ここに日露戦争後から半世紀近く続いた満鉄は、その最後を迎えることとなったのである。

満鉄調査部員のある者は満鉄を離れ、ある者は改称された中国長春鉄道に新たに雇用され（これを留用と称した）、調査活動に従事することとなった。

しかし、中国東北はソ連占領下で国共内戦に突入、当初ここを抑えていた中共軍は、四五年一〇月頃から北上した国民党軍を前に撤退、国共は攻守ところを変えた。この間、ソ連は東北にあった満鉄施設の多くを戦利品として自国に持ち去っている。その後いったん都市から撤退した中共軍は、農村部で力を養い反撃に転じ、四六年一〇月には主要都市を包囲して主権を奪還した。

東北を舞台に展開された内戦に巻き込まれた満鉄社員は、時流の渦潮に揉まれながら生き、そして日本への引揚げを開始したのである。

ソ連による満鉄施設の搬出

ソ連軍が東北を撤収したのは一九四六年五月のことであった。当初、中ソの了解では占領後三ヵ月以内に撤退となっていたが、延び延びになっていたのである。東北を占領していた間に、ソ連軍は東北のさまざまな施設を撤去して本国へ搬出した。鉄道施設では機関車にはじまり、貨車や客車も接収の対象となった。工場のプラント類や発電所、変電所も同様であった。調査部も例外ではない。調査部が集めた多くのデータは散逸して、あるものはソ連に搬出された。また、満鉄がロシア革命直後にロシアから購入した「オゾ文庫」の蔵書四〇〇〇冊をはじめ多数の貴重本が、この過程で紛失している。

一九四六年六月に対日賠償調査団のポーレー委員会が中国東北の瀋陽（旧奉天）に入り、ソ連軍の施設撤去状況を調査した。それによれば、ソ連軍が満洲の構造施設に直接損害を与えた被害額は八億九〇〇〇万ドルで、間接被害を含めれば、その額は二〇億ドルに達するという。こうした被害額を数値で表現すること自体、困難であることはいうまでもないが、一つの目安とすることはできよう（成田精太『瓦解——満州始末記』）。

ソ連がこうした施設をなぜ本国に撤収したかについては、さまざまな理由が考えられる。中国東北をふたたび対ソ作戦基地にしないための破壊工作という面もなくはないが、大戦で受けたソ連の打撃の補塡に活用するためと、その後の東北の政治への発言権を保持するため（香島明雄「満州における戦利品問題をめぐって」『京都産業大学論集国際関係系列』七、一九八〇）、というのが本当のところではないか。

調査部員の留用と引揚げ

敗戦の結果、満鉄社員は激変する状況において身を処していくことを余儀なくされたが、調査部員もその例外ではなく、多くは職を失い住居を追われ、口を糊《のり》する手段を求めながら収容地で引揚げの時を待つことになった。

しかし、満鉄調査部員のなかには敗戦を待たずして帰国した一群がある。満鉄調査部事件に連座した数人である。彼らは満鉄調査部事件後に満鉄を解雇されていた。典型は伊藤武雄だった。彼は四四年五月の釈放後、大連で過ごしていたが、四五年五月に日本に呼び戻され、日華協会の設立に従事することとなる。具島兼三郎もそうした一人であった。彼の場合も四五年五月に執行猶予付きで釈放されると妻子の待つ日本へ帰国した。

伊藤武雄はその後、四六年一月には中国研究所、五〇年一〇月には日中友好協会の設立に参画、五一年七月には同協会の理事長に就任して、戦後の日中友好運動の要の役割を果たした。伊藤は満鉄調査部帰国者の再就職に奔走した一人で、具島も伊藤の口利きで一時日華協会の事務局に籍を置いていた。

しかし満鉄調査部のスタッフの多くは、敗戦後も当地に残留し、進駐してきたソ連軍や国民党軍のもとで留用され日々の糧を得る生活を送り、ひたすら帰国を待つこととなった。

留用は進駐部隊と日本人双方にとって必要なことだった。進駐部隊は日本人とその機構を再編・活用することなしには進駐行政は進まなかったし、帰国のめどのつかない日本人も当座の間、職を得る必要があったからである。

戦後、中国東北行営（後の行轅。野戦司令部）の経済委員会主任委員に任命された張公権は東北復興計画を立案し、その際、張は満洲重工業開発株式会社の総裁だった高碕達之助を介し協力を要請、日本人による調査チームを組織したが、元満鉄調査部員のなかにはこの復興計画に携わった者もいる。

満鉄が戦後、中国長春鉄道に引き継がれたとき、経済調査局研究員として留用された者も多い。天野元之助は四八年七月に日本に引揚げるまで、同調査局主任研究員を務めたし、天海謙三郎も日本に引揚げる四七年二月まで中国長春鉄道科学研究所経済調査局に研究員として留用された。満鉄調査部事件で満鉄を依願退職した野間清の場合は満洲国通信社嘱託で敗戦を迎え、敗戦直後の九月に中国長春鉄道理事会調査処に留用されている。その後、東北自然科学院、瀋陽農学院などに勤務し、帰国したのは五三年八月であった。

満鉄調査部事件に連座した野々村一雄の場合も同じである。彼は四五年五月懲役二年執行猶予三年の判決を受け、敗戦まで満洲電業に籍を置いたが、四五年一一月から中国長春鉄道調査局に留用され上級調査員として勤務し、四七年三月に大連から帰国している。小泉吉雄も安東の満鉄杭木に就職、そこで敗戦を迎え、戦後は撫順炭鉱に留用されて、四七年五月に帰国している。

満鉄調査部事件で検挙され、四五年五月に執行猶予付きで釈放された石堂清倫《きよとも》は即刻懲罰召集で入隊し、二等兵で敗戦を迎えた。その後は労働組合を組織し、大連の日本人の引揚げ運動に奔走している。彼が帰国したのは四九年一〇月のことだった。

金融問題のエキスパートとして、三〇年代に幣制改革問題を手がけた南郷龍音《たつね》の場合には、三八年、日産の満洲移駐にともない設立された満洲重工業開発株式会社の調査部に移り、四三年には北京の北支那製鉄に移籍している。

満洲重工業開発から北支那製鉄への移籍という点では、調査部の奥村慎次、酒家《さかや》彦太郎も同じ動き方をしている。南郷の場合は、四五年四月に北京を発って阜新炭鉱新京（現長春）事務所長として再び長春に移転している。彼の場合には、当時の日本人の多くがそうであったように、定職を得られないままに四六年八月、錦州の収容所を経て四六年一〇月に日本に帰国している。

拓大出身で上海で敗戦を迎えた満鉄調査部の熊谷康も約一年間当地に留めおかれて四六年四月に帰国しているし、野中時雄も敗戦後は、中国の戦後再建を計画する中国経済建設学会で計画案を策定し、四七年三月に帰国している。南郷や熊谷のようなケースも戦後に満鉄調査部員がたどった一つの道であった。

調査機関・大学へ再就職

満鉄調査部の面々は戦後どのような軌跡をたどって日本のなかに流れ込んでいったのだろうか。満鉄調査部の引揚げ者で圧倒的に多いのは教育・調査関係への再就職であった。満鉄調査部が調査活動を主体にしていたことを考えれば、それはごく自然なことであった。

引揚げ者の多くは一九四八年頃までに帰国している。具島兼三郎が伊藤武雄の紹介で日華協会に就職したのは前述したが、四八年九月に発足した日本初の地方開発機関である中国地方総合調査所にも旧満鉄調査部員が就職していた。中国地方の国土復興開発を立案する中国地方総合開発委員会の付属機関としてスタートしたこの調査所の初代所長には伊藤武雄が就任したが、そこには彼を筆頭に満鉄調査部の石井俊之、石堂清倫、岸川忠嘉、関戸嘉光が就職していた。石井、石堂は満鉄調査部事件で検挙された経験を持つし、関戸は同事件で獄死した大上末広の義弟である。伊藤自身は翌年に所長のポストを宮武謹一に譲り退くが、他の者たちは五二年まで所員として調査活動に携わっていた。

一九四五年九月に九州地方商工経済会の付属機関として創設された九州経済調査協会にも元満鉄調査部員の浜正雄、松岡瑞雄、浜地常勝が再就職している。

旧満鉄調査部員の再就職先で一番多かったのは大学教員である。そのルートを見ると、いくつかの回り道を経た後で大学教員となったケースもあるし、すぐに大学にポストを得た例もある。先の具島兼三郎の場合は、敗戦後に九州大学で非常勤講師をしばらくつづけた後、一九四八年三月に教授に就任した。天野元之助も四八年七月に帰国後、一一月には京都大学人文科学研究所に就職し、五五年六月には大阪市立大学に転じ六四年三月に定年退職するまで文学部教授として東洋史の教鞭をとっていた。満鉄調査部事件に引っかからなかった岡崎次郎の場合には、四六年五月に帰国、翻訳業や文筆業で生計をたてた後、五〇年七月に九州大学教授、五年後の五五年六月から法政大学で教鞭をとった。野間清は五三年八月に帰国後、中国研究所に勤務したのち五七年四月に愛知大学教授に就任している。野々村一雄の場合には四七年三月に帰国するが、その年の六月には大阪市立大学経済研究所に勤務し、四九年六月には一橋大学経済研究所助教授になっている。南郷龍音の場合には、四六年一〇月に帰国後、しばらく農業に従事していたが、四九年一〇月に鹿児島県庁統計課に就職している。もっとも娘の南郷みどりの証言によれば、四八年には前述した中国地方総合調査所に勤務していたという。

野中時雄も四七年三月に帰国後は兵庫農科大学に就職している。枝吉《えだよし》勇の場合は、東京帝大で新人会に加入、労農党の書記などを経て一九三〇年に東亜経済調査局に入り三五年に大連本社に転じ、その後満鉄北支経済調査所、東亜研究所を経て満鉄調査部事件で検挙される。しかし執行猶予で釈放された後、満洲人造石油の東京支所長として東京で敗戦を迎え、戦後は一時、経済安定本部に籍をおいて戦後復興に携わる。東亜経済調査局からはじまり、戦後は経済安定本部に所属したところまでは後述する原覚天《かくてん》と類似した経歴をたどっている。しかし枝吉は敗戦直前に満鉄調査部事件にかかわっているし、四八年には国立国会図書館に勤務して、六七年退官するまでそこに勤務している点では原とは違った軌跡を描いている（枝吉勇『調査屋流転』）。

開発経済学の担い手

同じ満鉄調査部員でも原覚天の場合には、やや色合いを異にする。彼は新潟県出身で、曹洞宗の中学から法隆寺勧学院へ進み、そこから報知新聞社図書室主任（一九三四年）を経て、大連に渡り満鉄調査部資料課（一九三八年）に所属、その後東京に戻って東亜経済調査局（一九四二年）に勤務し、敗戦後は一九四七年経済安定本部に所属、大来佐武郎《おおきたさぶろう》のもとで東南アジア地域の調査活動に従事している。彼の場合には東亜経済調査局にいたときに吉長鉄道利権獲得史など交通史の研究に没頭していたという（原覚天『アジア研究と学者たち』）。

しかし彼の本格的な研究・調査活動のスタートは戦後にあったといえよう。戦後、彼はアジア問題調査会（一九五二年）、アジア協会の結成に参加し、その延長線上で六〇年にはアジア経済研究所の調査部長などを歴任、六二年四月に関東学院大学経済学部教授に就任して、その後六六年まで同大学で教鞭をとっている。彼の場合には、満洲を中心とした旧植民地研究から開発経済学の方向へとその研究テーマを変え、その後は開発経済学の王道を歩んでいる。

社会運動家へ

戦後、社会運動家として活動した者もいる。伊藤武雄もその一人である。前述したように日華協会、中国研究所の設立に参加し理事を務め、その後、友好団体や研究機関設立に次々とかかわり、それぞれ重要な役割を演じた。

満鉄調査部時代の彼は天津事務所や上海事務所で所長として活動し、どちらかといえば「情報畑が中心だった」（石堂清倫ほか『十五年戦争と満鉄調査部』）わけだから、そうした経験と手腕を行使して戦後も活躍したといえるだろう。この種の活動の常として清濁併せ呑まねばならぬケースも多々あったと推察される。彼に毀誉褒貶がつきまとうのもそうした活動のなせる結果なのであろう。

中西功《つとむ》や尾崎庄太郎も社会運動家の道を歩んだ。中西の場合は、一九四二年六月に治安維持法違反で上海で逮捕され、四五年八月公判中に死刑を求刑されたが、敗戦で生還している。戦後は中国研究所の設立に参加、日本共産党に入党して四七年の参議院選挙では共産党公認で立候補し当選している。

尾崎庄太郎は東亜同文書院卒。卒業後、日本に帰りプロレタリア科学研究所などで左翼運動に関わり検挙されている。出所後、上海にわたり中国共産党と接触、一九三九年初頭に満鉄北支経済調査所に入社し、中西功らと支那抗戦力調査に従事した。四二年六月、中西と時期を同じくして治安維持法違反で検挙され、敗戦を豊多摩刑務所で迎えている。戦後は中西同様、中国研究所の設立に参加し、ここを拠点に社会活動に従事した。彼の場合も教職にはついていない。

石堂清倫は、日本帰還後は共産党に入党し、本部員として活動したが、六一年八月には離党し、その後は在野のグラムシ研究者、社会運動史研究者として活動した。

まったく別の道に

また敗戦時に満鉄調査部上海事務所長のポストを経験しながら、戦後はまったく別の職業に就いたのが宮本通治である。彼は東洋埠頭に就職し、調査畑からは離れている。宮本は、戦後満鉄関連の会合に出席しても何も発言しないで帰っていったという。

石堂清倫によれば、「伊藤（引用者注・武雄）さんは長生きされて書く機会が多かったから、調査部のプラスの面についてはその指導者の一人としての印象を与えているけれども、書かれなかった人が指導者でなかったとはいえない。ひょっとするとその方がより多く指導の任に当ったのが事実に近いかもしれない」（石堂清倫ほか『十五年戦争と満鉄調査部』）という。伊藤とは対照的に戦後ひっそりと過ごし、戦前の出来事を後世の史家の分析に託し、沈黙をまもった宮本通治の役割を重視する記述はいまでも多い。

調査畑から離れたという意味では満鉄調査部事件に関わった三輪武も同様である。

彼は四九年一二月に帰国後、日本水素、福島殖産に就職している。満鉄調査部事件に関わり戦後は撫順炭鉱に留用され、四七年に帰国した小泉吉雄も戦後一時稲葉秀三の薦めで国民経済研究協会に就職したが、五〇年には退職して熊谷ベークライト社長、日本飛行機株式会社、札幌第一運輸専務など経営者の道を歩んでいる。熊谷康も上海から引揚げたあとは、県庁職員、農協役員など戦前の調査部とはまったく異なる仕事についた。天海謙三郎も別の道を歩んだ。彼は大連より引揚げた四七年六月、日本鋳物協会に入り、そこに一〇年間勤務した後は自宅で研究に没頭した。

宮本とは違った意味で、戦後はその活動を停止した人物に宮崎正義がいる。彼の場合には、戦後は活躍する場を得ないままに一九五四年に病没している。同じ石川県出身で、ロシア留学では同期生でもあった嶋野三郎は、戦前は満鉄調査部や東亜経済調査局にあって『露和辞典』の編集・出版に従事していたが、戦後は不遇で語学学校や関東管区警察学校のロシア語教師をした。

研究の継承性と限界

研究の継承性という点では調査部員個々人によって大きな相違があった。戦前来の研究を継続した研究者として天野元之助をあげることができる。彼に中国農業史研究を一貫して継続し、これをライフワークとし『中国農業史研究』を上梓している。

しかし、こうした軌跡を描いた研究者は少なく、多くの者は研究のフィールドと方法論を変えて戦後の研究にむかうこととなった。フィールドという意味では、多くの研究者が中国から別の地域へ転換していった。野々村一雄は社会主義・ソ連研究へ、川崎巳三郎は恐慌論研究へ、具島兼三郎はファシズム研究へと進んだ。

方法論的に違った方向へ進んだ者も数多く、マルクス経済学から近代経済学へ進んだ者もいる。南郷龍音の場合は、貨幣論という専門分野の関連もあり、戦後は産業連関表の分析などにその研究領域を移した。前述した原覚天の場合は本格的な研究のスタートが戦後ということもあって、開発経済学の担い手として活躍した。

しかし、何といっても満鉄調査部の研究方法で戦後の一時期大きな影響を与えたものは『資本論』に基づき、「満鉄マルクス主義」とも別称される歴史・現状分析の手法だった。川崎巳三郎の場合はそれがもっとも典型的に出ていて、彼の著書『恐慌』（岩波新書）などは、『資本論』解釈に基づいて恐慌論を展開している。野々村一雄は、満鉄調査部での研究活動を回顧して、川崎から資本論解釈論争を挑まれてたじたじになって猛勉強したことを回想しているが、戦後すぐに川崎が出版した『恐慌』を一読するとその雰囲気がしのばれる。

マルクスの『資本論』やローザ・ルクセンブルクの『資本蓄積論』、さらには山田盛太郎の『再生産過程表式分析序論』『日本資本主義分析』などを基礎に中国社会を分析するというのは、戦前講座派の研究者の主流の動きだったといっていいだろう。社会を総括的に分析する方法がほかに見出しにくく、しかも実証的な成果がいまほど数多くなかった戦前の状況では、大きく網を打って、社会を大胆に構造的に把握するマルクスの手法は反体制の発想者のみならず、社会科学者の幅広い層をひきつけた。したがって、マルクスの手法を導入することとマルクスの「精神」を信奉することとの間には間接的な関連はあるにしても直接的な結び目を見出すことは、人によって距離があったといえよう。

調査部員のなかでも、比較的マルクスの影響が強かった鈴木小兵衛、川崎巳三郎、野々村一雄らと、マルクスの理論と橘樸《しらき》の思想とを組み込み「東亜協同体論」的な発想が強かった大上末広らとでは差異が見られ、その間にも虹の色のように幾重にも重なる層を含み込んだ思想潮流が混在していた。

したがって戦後、程度の差こそあれ満鉄調査部出身の研究者間でテーマをめぐって多様な方向への分岐が生まれたのは偶然ではない。とりわけ急速に進展を遂げた近代経済学にマルクスの『資本論』に代わる社会科学の分析ツールとして、多くの社会科学者の関心をひきつけることとなった。戦後の開発経済学の進展と普及はそれを物語る。その意味でいえば、「満鉄マルクス主義」と称された学問流派も、反体制色を濃厚にもつとはいえ、社会科学者の多くをひきつけた時代制約性を有する一時期までの主流分析手法だったといえよう。

新たに付与されたもの

しかし、戦後への継承という点で見落としてはならぬものは、中国革命の嵐のなかで彼らが好むと好まざるとに関わりなく受けた影響である。一九四五年八月を境に彼らは体制の支配者から被支配者の位置に急落し、本来なら経験できないさまざまな体験を余儀なくされた。しかも戦争は一九四五年八月で終結することなく引き続き国共内戦に突入したわけで、その経験は、戦時中のそれと比較しても甲乙つけがたい混乱の極限状態であった。中国革命の進展に身をおくことで、基底のところで自らの学問に厳しい変更を迫られた研究者も少なくない。

たとえば、実証研究を主体に研究を進めてきた天野元之助の場合も戦後の研究に中国革命の影響が濃淡の影を落としている。主著『中国農業史研究』（御茶の水書房）に並行して華崗『五・四運動史』（創元社）を翻訳しているし、『中国の土地改革』

（アジア経済研究所）をものしている。

天野は、戦後、中国長春鉄道経済調査局研究員に留用されていたときに「昼食時に食堂で中国人社員と親しくなり、彼等全員が毎日退社後一時間『学習』するのを知り、それが工場・炭鉱ばかりか、農村でも農閑期におこなわれる」のを聞き、「解放後の人々の『翻身』（立ちあがり）の貌を、身近く経験するにいたっては、この国の社会経済の変革＝社会主義的改造、そして中国共産党の指導のやり方などを、究明せんとの意欲が湧くし、この戦後の三年間に私の中国観や研究態度を一変させるものが生じた」と率直に述べている（天野元之助『現代中国経済史』）。

同じ体験をしたのだろうが、野間清の場合は研究テーマ自体にその影響が明確に現われている。彼の戦後研究の焦点は社会主義建設をめぐる諸問題の検討であるが、対象は中国農村土地問題が中心であるだけにその影響は鮮明である。多くの満鉄調査部員は大なり小なり中国革命の嵐の洗礼を受けて戦後研究をつづけることとなった。

天野元之助や野間清とは違って、中国革命から距離を置き、近代経済学の手法に傾斜していった南郷龍音の場合には、戦後の研究は大きく異なる。戦後、久留米大学商学部に籍を置いた南郷は『久留米大学論叢』第六巻第一号（一九五五年三月）に「商業手形割引最高残高について」なる論文を寄せている。

ここで扱っているのは八幡製鉄所傘下の新設鋼板株式会社の手形決済の事例分析である。数ページにすぎないこの論稿の構成を見ると六章編成になっているから、あるいは著書をまとめる過程で、その要約を紀要に発表したのかもしれない。

いずれにしても、その内容は日本の中小企業の手形取引の分析である。そこに戦前の満鉄調査部員としての調査活動との関連を見出すことは難しい。南郷の場合、その後満洲幣制の論稿を発表するが、それは戦前の研究の再録の域を出るものではなかった（南郷龍音の戦後の論文「東北の通貨」に関しては、小林英夫ほか編『満鉄経済調査会と南郷龍音』）。その意味では、彼の戦後は「郷愁」というかたちで中国東北と結びついていたともいえるのである。

補　論　満鉄調査部と戦後の日本社会

1　満鉄調査部略史

敗戦とともに消滅し、現在（二〇一五年）までに七〇年も経過した過去の会社の、しかもその調査部の歴史を、なぜ今調べる必要があるのか。こんな疑問が読者から飛び出してもおかしくないほど、この会社と調査部は、その歴史的使命を終えているように見える。しかし、仔細に調べていくと、この会社とこの調査部が現在の日本の社会に与えた影響は測り知れぬほど大きいことに気づく。

まず、戦後七〇年間の前半の一九四五年から八〇年までの三五年間、日本は復興と高度成長を経験したが、その推進力の一つとなったのが、満鉄と満鉄調査部の経験と知恵だった。九〇年代以降の後半は、八〇年代までの枠組みからの脱出と新たな枠組みの模索を目指して苦闘した歴史だが、残念ながらその脱出口はいまだもって明確ではなく、以前の状況に戻ろうとしているようにも見える。つまりは、戦後の日本の歩みを見るときには、戦前の満鉄と調査部の動向の考察が不可欠だということなのである。まず、調査部の活動を六期に分けてその概況を素描しておこう。

満鉄調査部の活動Ⅰ（1906―1917）

では、そんな重い位置を持つ満鉄と満鉄調査部というのは一体いかなる会社だったのか。ひとつは、満洲（中国東北）の大連に本社を置く日本の巨大な株式会社だったということである。

日露戦争後に勢力圏に収めた満洲南部は、陸軍の意向をくむ関東都督府、外務省の意向をくむ領事館、そして満鉄の三者の共同統治区として出発したが、満鉄は三者の中心に位置することを目指して設立され、活動した。本社を当初の東京から大連に移した所以《ゆえん》である。したがって、この会社は、日本帝国の大陸政策と深く連携して活動することを宿命として持っていた。初代総裁後藤新平の個性もあろうが、初発から調査活動を重視した客観的理由はそこにある。

同社が発足した頃の満洲は、日露戦争の余韻が冷めやらず北部はロシアの勢力下にあって国際政治動向は流動的だった。調査活動は同社存続の重要な条件の一つだったのだ。だから出発当初は、満洲及朝鮮歴史地理調査部のような学術色濃厚な活動もあったが、本体の調査は、調査と言っても内容は、密偵を使った情報収集や会社の業務統計整理が中心だったと思われる。

ところが一九〇七年の第一次日露協約を手始めに一九一六年までの四次にわたる協約で日露間の満洲での勢力圏の確定が行われた結果、政治情勢は安定の方向に向かう。また〇八年以降後藤新平を継いで二代目の総裁に就任した中村是公の石炭と大豆輸送強化を中心とした満鉄収益の向上策によって経営が安定するにともない、調査活動の必要性は急減し、その機能は収縮を余儀なくされる。危機あっての調査活動だったわけで、一九一〇年代の安定期にはその影は著しく薄くなったのである。

満鉄調査部の活動Ⅱ（1918―1930）

しかしロシア革命が勃発し、満洲での日露南北住み分け策が変更を余儀なくされると、再び調査活動が脚光を浴びる。日本の北進政策と密接に関連した新情勢への対応が調査部の課題としてクローズアップされてきたのである。ロシア調査が重視され、ロシア要員が増員され、哈爾濱に満鉄調査部の拠点が新たに設置されるといった動きが出てくるのはそうした背景があるからである。哈爾濱はロシアが敷設し経営している東支鉄道の最大の拠点であり、ロシア情報が集中する場所でもある。さらにこれに一八年以降の日本軍のシベリア出兵が重なる形で北満の重要性は一層増した。満鉄の調査活動の重要性が一層高まったのである。

しかも体制を異にする社会主義国家ソ連のロシアでの誕生は、満洲を反共の第一線へと押し上げる結果となり、満鉄調査部はその最前線を担うこととなる。ソ連情報は、一九二〇年代当時のマスコミの中心課題の一つにもなるわけで、満鉄調査部はそうしたマスコミの寵児にもなり、大阪毎日新聞社と提携した満鉄調査部のソ連調査文献は当時の時代の最先端を走ったのである。

もっとも当時発刊された満鉄調査部のソ連研究書を見ると、その大半が、「ソ連事情紹介」のもので、学術分析と呼べるものは少なかった。しかし、ロシア革命勃発時に、社会主義者の荒畑寒村や堺利彦らもロシア革命がいかなるものであったのか、に関して正確な情報を持ち合わせていなかったわけだから（『寒村自伝』）、そうした満鉄調査部の提供する情報も当時としては貴重なものであったに相違ない。しかし、この時期は関東軍と満鉄調査部の関係は、のちの満洲事変以降と比較するとさほど緊密ではなく、どちらかというと疎遠な関係だった、関東軍も一九二〇年代は、満洲鉄道守備隊の性格が濃厚で、調査部とコンタクトをとって活動する軍人は限られていた。

そんななかで、関東軍との関係を積極的に取り結んでいったのが一九二〇年代に満鉄調査部の調査課長だった佐田弘治郎と彼の下でロシア調査を担当していた宮崎正義だった。佐田は、富籤論《とみくじ》の専門家で、その種の著作や満洲写真集などを上梓しているが、関東軍とのつながりは強く、その線で部下だった宮崎正義も関東軍と交流を持ち、石原莞爾や板垣征四郎らとの交流を深めていく。宮崎は、日本へ出張する折は、参謀本部支那班の参謀と連絡を取っているし、満洲にあっては、関東軍が依頼する「ソ連事情」などの講演を引き受けることで、その関係を深めていった。

満鉄調査部の活動Ⅲ（1931 — 1936）

満洲事変を契機に関東軍と満鉄調査部の協力関係は強固なものとなっていく。満洲事変の勃発と関東軍の満洲占領作戦に満鉄が協力したことはつとに知られている事実だが、調査部は、事変後の満洲国建国に際して、その経済計画に大きく関与することとなる。一九三二年一月の満鉄経済調査会の誕生がそれである。この組織化の中心人物は満鉄調査部の宮崎正義だった。彼は、関東軍参謀で満洲事変の計画と実行の中心人物だった石原莞爾の要請を受けて、その組織化に着手し、立ち上げたのである。宮崎らは、一九三三年三月満洲国の経済政策の根本を定めた「満洲国経済建設綱要」を作成し、統制経済体制を基本とした国づくりを明示する。さらには陸軍省、参謀本部、関東軍、満洲国が一体となって具体化した、三七年から向う五年間にわたる「満洲産業開発五ヵ年計画」と称される日満一体の鉄鋼、石炭といった基礎素材産業の強化を眼目とした軍事経済体制構築計画の立案にも積極的に参加して、その骨格作りに重要な役割を演じた。この計画立案の要の位置にいた人物が関東軍参謀の石原莞爾と満鉄調査部員の宮崎正義だった。

この計画は、一九三七年からスタートするが、発進直後の七月に盧溝橋事件が勃発し、これが日中全面戦争へと拡大するなかで、基礎素材産業よりは当面の戦争への対応が優先され、計画自体は大きく修正されて本来の目的を失っていった。

一九三〇年代に注目すべきいま一つのことは、調査部の分析方法が体系化され、整備されたことだった。満鉄経済調査会の大上末広らは一九三三年以降三五年まで毎年『満洲経済年報』を出版し、満洲社会を「封建的半植民地的」なものと位置付けて（『満洲経済年報』一九三五年度版）分析した。

満鉄調査部の活動Ⅳ（1937—1941）

日中戦争期の満鉄調査部の活動は、占領地の宣撫工作や調査活動とともに日中戦争の行方を予測するいくつかの総合調査に力が注がれる。『満洲経済年報』などでの学術的陶冶があればこそ可能な作業だったといえよう。

この時期の代表的なものとしては、「支那抗戦力調査」を挙げることができる。一九三九年から一年がかりで実施されたこの調査は、満鉄調査部が総力を挙げて実施したプロジェクトの一つだったが、中国占領地、中国奥地での国民党や共産党の抗戦力分析や日中両国を取り巻く国際環境の分析など多岐にわたる総合調査で、調査報告書も約九七万字、四〇〇字詰原稿用紙で二四〇〇枚余に及んでいた。この報告書のなかで調査部が出した結論は、日本の敗北こそ記述しないものの日本の勝利を予測するものではなかった。むしろ蔣介石側の農村での住民動員や国際協力の強さを指摘した点では日本の暗い将来を予測していた。

この支那抗戦力調査が、どこまで日本軍の対中作戦に影響を与えたかは定かではない。しかし、日本軍の一部にあった対中和平工作の動きに拍車をかけたことは間違いあるまい。

満鉄調査部の活動Ⅴ（1942―1945）

一九四一年一二月に太平洋戦争が勃発、緒戦の勝利の余勢をかって日本の占領地がさらに東南アジアへと拡大するなかで、満鉄調査部は、その調査領域をこの地域へと広げることとなる。満鉄調査部が担当したのはビルマとマラヤの二地域だったが、四三年から英米軍の本格的反撃が開始されることで、調査活動は意のごとくならぬまま敗戦を迎えることとなる。しかも一九四二年九月には調査部内に共産主義者ありとする関東憲兵隊の捜索事件（「満鉄調査部事件」）の結果、調査活動は大打撃を受けて機能停止に陥る。憲兵隊の捜査では何らの物証も得られぬままに四〇名が起訴され、五名が獄死、一五名が保釈され、残り二〇名は四五年五月、徒刑五年を最高に全員が執行猶予つきの判決を受けた。半身不随となった調査部だが、ソ連の動向を調査する北方班は活動を継続したものの、彼らの調査活動を生かす手段をとらぬまま関東軍は一九四五年八月九日のソ連軍の侵攻を迎えることとなる。こうして、満鉄調査部は、敗戦の混乱の中でその活動を終えた。

2　満鉄調査部と戦後社会

満鉄調査部の活動Ⅵ（1945年以降）①

満鉄調査部は、確かに敗戦と同時に閉鎖され、その活動を停止した。しかし、敗戦後に満洲から日本へ引揚げてきた満鉄調査部員は、戦後復興のなかで、国会議員、社会運動家、大学教授、研究機関員など様々な業種に再就職することとなる。

では、彼らの活動や経験は、戦後社会のなかで雲散霧消してしまったのだろうか。そうではない。実は、戦後復興機関の中枢に身を置いて活動した元満鉄調査部員は意外と多かったのである。代表的な人物を何人か挙げておこう。

佐伯喜一は、その一人である。一九三六年に満鉄調査部入りし、三七年に満鉄改組で満洲重工業開発株式会社（満業）調査部へ移り、四一年から四三年まで企画院に出向し、戦時計画経済を担当している。四六年に日本に引揚げると商工省を経て経済安定本部（安本）に入り、経済復興計画副室長として活動した。

安本というのは敗戦直後の一九四六年八月作られた組織で、日本経済を立て直す経済参謀本部として総理を総裁に国務大臣が長官を務め、「傾斜生産方式」と呼ばれる復興方法を採用指導した。これは四六年一二月、第一次吉田内閣時に始まった。限られた復興資源である重油と無煙炭を鉄鋼業に集中し、そこで生産された鉄鋼を重点的に石炭業に回して、その増産を図る。再び増産された石炭を鉄鋼業に投入する。これを続けることで鉄鋼と石炭の拡大再生産を完成させ、その後は、この連鎖を他の分野まで拡大して戦後復興を完成させるというのが「傾斜生産方式」の中身だった。一傾斜」というのは、鉄鋼と石炭に資金・資材・労働力を傾斜配分して、そこを突破口に生産の拡大を図るという意味である。

この手法は戦中の戦争経済を遂行するための「物資動員計画」や「生産力拡充計画」と大差はなく、異なるのは戦中の目的が戦争遂行にあったのに対して、戦後は戦災復興にあったということである。戦前の計画司令塔が企画院にあったとすれば、戦後のそれが安本であった。満鉄調査部、企画院に籍を置いていた佐伯喜一が戦後に安本に籍を置いて日本経済の復興に携わったのは、ある意味でごく自然なことだった。安本で佐伯の下で復興作業を担当した大和総研名誉顧問の宮崎勇は、「よく満業の頃のこと、満鉄調査部でのことを、我々にモデルケースとして話してくれました」と証言する（拙著『満州と自民党』）。佐伯もまた、安本後は保安庁（のちの防衛庁）、防衛研修所長、野村総合研究所副社長、社長、会長、相談役となり九八年逝去するまでシンクタンク一筋の人生を送った。

佐伯の上司の経済復興計画室長の佐々木義武も満鉄調査部出身だった。佐々木も企画院で「物資動員計画」に携わり、戦後は「傾斜生産方式」の責任者として活動した。このほか、満鉄調査部にあって広島に出張中に被爆、在籍短期で病死した安本統計課長の山中四郎、それを継いだ吉植悟も満鉄出身だった。つまり経済復興計画室、統計課、情報課といった、安本の重要ポジションに多数の満鉄出身者がいたということである。もっとも先の宮崎勇は「安定本部に満鉄の影響はかなり強かったと思います。けれども、全般に戦後の『復興計画』が『満鉄の人で作られた』とか『満鉄色』であったというのはいいすぎだと思いますね。ただ、確かに影響力があったことは事実ですが」とも述べている（同上書）。たしかに戦後復興計画を百パーセント、満鉄の面々が作ったというのは正確ではない。その発想が満鉄調査部にあり、満洲で実施された統制経済が戦中の日本に移転され、それが戦後に継承された、というべきであろう。「影響力があった」というのは、そうした意味を指すのであろう。

満鉄調査部の活動Ⅵ（1945年以降）②

満鉄調査部の戦後への影響は、それだけにとどまらない。ドッジライン後の戦後政治のなかで、その動きが顕在化する。確かにドッジラインによって復興金融金庫融資は廃止され、企業は自己責任で資金調達することが義務付けられ、財の購入、販売も自己責任で行うことが義務付けられた。また四九年にはこれまでの商工省が廃止されて通産省が設立され、安本も位置を下げて五二年には廃止されている。新設された通産省も、当初は「千三つ省」といわれ、政策は立案しても実現できるのは千のうち三つだけといわれるほどの弱小の省だった（通産省記者クラブ編『通産省』）。しかし、これが五〇年代に入ると「経済統制の総元締め」「官僚資本主義の中枢」機関へと変貌する。

一九五〇年の朝鮮戦争で日本経済は復興し、さらに貿易立国としての方向が定まり、経済成長が始まると、それを指揮する司令塔へと通産省は変貌する。通産省は輸出入管理を積極的に行う。また、復興金融金庫に代わって日本開発銀行（開銀）という政府銀行が登場した。この開銀の融資に通産省は大きな権限を持った。通産省は行政指導や法律を通じて自由化のなかで統制力を発揮し始めたのである。

こうしたなかで、通産省には満鉄調査部だけではなく、かつての満洲国行政に関連した「満洲閥」が結集を開始する。かつての影の薄かった大臣ばかりの時代は終わり、一九五八年の第二次岸内閣の通産大臣には満洲人脈の実業家で満業の総裁だった高碕達之助が就任、第二次池田内閣、第二次佐藤内閣時の通産大臣には、満洲国時代に岸信介の部下として満洲国経済に深くかかわった椎名悦三郎が就任するのである。

一九九〇年代にこの日本型経済システムともいいうる官主導の経済システムは、東西冷戦の終結とグローバル化のあらしの中で大きく変貌することを余儀なくされた。

政治体制も同様で、一九五五年に誕生しかつこの日本型経済システムを推進した自民党も、九〇年代初頭にいったんは解体され多党化時代に突入した。日本型経済システムは、古き過去の遺物として取り払われたように見える。しかし、この官主導システムは、今日グローバル経済と融合しつつ、日本ではなく、韓国、中国そして東南アジアの国々のなかに形を変えて生き続け、そしてこうした国々の経済成長に大きく寄与しながら現在も生き続けている。

他方、これまで日本型経済システムの創設国としてアジア経済をリードした日本は、その後これに代わる経済システムの創設ができないままに低成長のなかで呻吟している。これほどまでに長い生命力を有した経済システムに代わる新システムは、日本で再び生まれてくるのだろうか。もし生まれるとしたら、それは何時か。

主要参考文献

天野元之助『中国の土地改革』アジア経済研究所、一九六二
天野元之助『中国農業史研究』御茶の水書房、一九六二
荒畑寒村『寒村自伝』上下二巻、岩波書店、一九七五
有賀宗吉『十河信二』十河信二伝刊行会、一九八八
安藤彦太郎編『満鉄――日本帝国主義と中国』御茶の水書房、一九六五
安藤彦太郎編『近代日本と中国――日中関係史論集』汲古書院、一九八九
石堂清倫『わが異端の昭和史』勁草書房、一九八六
石堂清倫・野間清・野々村一雄・小林庄一『十五年戦争と満鉄調査部』原書房、一九八六
伊藤武雄『満鉄に生きて』勁草書房、一九八二
井村哲郎編『満鉄調査部――関係者の証言』アジア経済研究所、一九九六
枝吉勇『調査屋流転』私家版、一九八一
岡崎次郎『マルクスに凭れて六十年――自嘲生涯記』青土社、一九八三
岡部牧夫『満州国』講談社、二〇〇七
川崎巳三郎『恐慌』岩波書店、一九四九
関東憲兵隊司令部編『在満日系共産主義運動』極東研究所出版会、一九六九
小泉吉雄『愚かな者の歩み――ある満鉄社員の手記』私家版、一九七八
小林英夫『「大東亜共栄圏」の形成と崩壊』御茶の水書房、一九七五
小林英夫『超官僚――日本株式会社をグランドデザインした男たち 宮崎正義・石原莞爾・岸信介』徳間書店、一九九五

小林英夫『「日本株式会社」を創った男――宮崎正義の生涯』小学館、一九九五
小林英夫『満鉄――「知の集団」の誕生と死』吉川弘文館、一九九六
小林英夫編『近代日本と満鉄』吉川弘文館、二〇〇〇
小林英夫『帝国日本と総力戦体制――戦前・戦後の連続とアジア』有志舎、二〇〇四
小林英夫・加藤聖文・南郷みどり編『満鉄経済調査会と南郷龍音――満洲国通貨金融政策史料』社会評論社、二〇〇四
小林英夫『満鉄調査部の軌跡』藤原書店、二〇〇六
小林英夫・福井紳一『満鉄調査部事件の真相』小学館、二〇〇四
小林英夫『満州と自民党』新潮社、二〇〇五
小林英夫『満鉄が生んだ日本型経済システム』教育評論社、二〇一二
小峰和夫『満洲――マンチュリアの起源・植民・覇権』講談社、二〇一一
週刊朝日編『値段史年表――明治・大正・昭和』朝日新聞社、一九八八
杉田望『満鉄中央試験所』徳間書店、一九九五
全国憲友会連合会編纂委員会編『日本憲兵正史』全国憲友会連合会本部、一九七六
全国憲友会連合会編纂委員会編『日本憲兵外史』全国憲友会連合会本部、一九八三
高碕達之助『満洲の終焉』実業之日本社、一九五三
田中申一『日本戦争経済秘史――十五年戦争下における物資動員計画の概要』コンピュータ・エージ社、一九七五
田中武夫『橘樸と佐藤大四郎』龍渓書舎、一九七五
通産省記者クラブ編『通産省』明文社、一九五六
中村隆英・原朗編『現代史資料43 国家総動員I』みすず書房、一九七〇

成田精太『瓦解――満州始末記』北隆館、一九五〇
日本近代史料研究会編『日満財政経済研究会資料』全三巻、日本近代史料研究会、一九七〇
野々村一雄『回想 満鉄調査部』勁草書房、一九八六
野間清・下條英男・三輪武・宮西義雄編『満鉄調査部・綜合調査報告集』亜紀書房、一九八二
原彬久『岸信介――権勢の政治家』岩波書店、一九九五
原覚天『アジア研究と学者たち――覚天交遊録』勁草書房、一九八五
原覚天『現代アジア研究成立史論――満鉄調査部・東亜研究所・IPRの研究』勁草書房、一九八

四

原覚天『満鉄調査部とアジア』世界書院、一九八六
原田勝正『満鉄』岩波書店、一九八一
傅大中『関東憲兵隊』吉林教育出版社、一九九〇
星野直樹『見果てぬ夢――満州国外史』ダイヤモンド社、一九六三
満鉄会編『満鉄最後の総裁山崎元幹』一九七三
満鉄会編『満鉄四十年史』吉川弘文館、二〇〇七
満鉄弘報課『満鉄と調査』一九四〇
満鉄調査部編『満鉄調査部報』全四巻、井村哲郎解題、龍渓書舎、二〇〇〇
御厨貴編『時代の先覚者・後藤新平』藤原書店、二〇〇四
南満洲鉄道株式会社調査部編『満洲・五箇年計画立案書類』一九三七
南満洲鉄道株式会社総務部資料課編『満洲事変と満鉄』一九三四
南満洲鉄道株式会社編『南満洲鉄道株式会社十年史』一九一九
南満洲鉄道株式会社編『南満洲鉄道株式会社第二次十年史』一九二八

南満洲鉄道株式会社編『南満洲鉄道株式会社第三次十年史』一九三八
安井三吉『盧溝橋事件』研文出版、一九九三
山川均『社会主義への道は一つではない』合同出版社、一九五七
山崎元幹・田村羊三『思い出の満鉄』龍渓書舎、一九八六
山田豪一『満鉄調査部――栄光と挫折の四十年』日本経済新聞社、一九七七
山本秀夫編『「満州評論」解題・総目次』不二出版、一九八二
米谷匡史編『尾崎秀実時評集――日中戦争期の東アジア』平凡社、二〇〇四
遼寧省檔案館編『満鉄と盧溝橋事件』全三巻、柏書房、一九九七
遼寧省檔案館・小林英夫編『満鉄経済調査会史料』全六巻、柏書房、一九九八
我妻栄ほか編『日本政治裁判史録――昭和・後』第一法規出版、一九七〇
ハインリッヒ・シュネー『「満州国」見聞記』金森誠也訳、講談社、二〇〇二
ＮＨＫ取材班・臼井勝美『張学良の昭和史最後の証言』角川書店、一九九一

関連年表

一九〇四（明治三七）　日露戦争勃発（二月）
一九〇五（明治三八）　日露戦争終結。ポーツマス条約調印（九月）、日清満洲善後条約調印（一二月）
一九〇六（明治三九）　児玉源太郎満洲軍総参謀長を委員長とする満洲経営委員会が組織される（一月）。南満洲鉄道株式会社（満鉄）が発足。初代総裁に後藤新平。本社を東京に設置（一一月）
一九〇七（明治四〇）　満鉄本社を大連に移し、東京に支社を設置（三月）。正式開業、調査部設置（四月）、岡松参太郎理事が東亜経済調査局設立準備のため欧州を視察、第一次日露協約調印（七月）
一九〇八（明治四一）　東京支社内に満洲及朝鮮歴史地理調査部（一月）、東亜経済調査局を設置（一一月）。中村是公が第二代満鉄総裁に就任、調査部を調査課に改称（一二月）
一九〇九（明治四二）　『満鉄統計年鑑』創刊（五月）、『南満洲経済調査資料』発刊（七月）
一九一〇（明治四三）　地質研究所設置（四月）、中央試験所が満鉄へ移管（五月）
一九一一（明治四四）　辛亥革命（一〇月～）
一九一二（明治四五）　中華民国成立（一月）、宣統帝溥儀退位、清朝滅亡（二月）
一九一三（大正二）　『満洲歴史地理』全二巻刊行（八月）、『朝鮮歴史地理』全二巻刊行（一一月）。野村龍太郎が第三代満鉄総裁に就任（一二月）

一九一四（大正三）　大連図書館竣工（一月）、第一次大戦勃発（七月）
一九一五（大正四）　『経済資料』東亜経済調査局から創刊（三月）
一九一六（大正五）　第四次日露協約調印（七月）
一九一七（大正六）　ロシア革命（三月、一一月）
一九一八（大正七）　シベリア出兵（八月）、第一次大戦終結（一一月）
一九一九（大正八）　関東軍司令部設置（四月）。五・四運動（五月）、中国国民党成立（一〇月）
一九二〇（大正九）　国際連盟発足（一月）
一九二一（大正一〇）　中国共産党結成（七月）
一九二三（大正一二）　哈爾濱公所と哈爾濱運輸事務所を合併し、哈爾濱事務所を設立、そのなかに調査課を新設（四月）
一九二四（大正一三）　『北京満鉄月報』創刊（五月）
一九二五（大正一四）　上海で五・三〇事件（五月）
一九二七（昭和二）　山東出兵（五月）、山本条太郎が満鉄社長に就任（七月）、臨時経済調査委員会設立（一一月）
一九二八（昭和三）　『満洲経済統計年報』創刊（五月）。張作霖爆殺事件（六月）
一九三一（昭和六）　『満洲評論』創刊（八月）、満洲事変（九月）
一九三二（昭和七）　満鉄経済調査会（経調）発足、第一次上海事変（一月）、国連リットン調査団が東京着（二月）、満洲国建国宣言（三月）
一九三三（昭和八）　日本が国際連盟脱退（三月）、関東軍、満洲経済統制計画を発表（一〇月）、『満洲経済年報』創刊（一二月）
一九三四（昭和九）　満洲国執政溥儀、皇帝に就任（三月）

一九三五（昭和一〇）　梅津・何応欽協定、土肥原・秦徳純協定（華北分離工作、六月）、松岡洋右が満鉄総裁に就任（八月）。満鉄天津事務所開設（一一月）

一九三六（昭和一一）　大上末広ら経調派が「満洲産業開発永年計画案」執筆（五月）、湯崗子会議（一〇月）で「満洲産業開発五ヵ年計画」が国策となる

一九三七（昭和一二）　関東軍、「満洲産業開発五年計画綱要」策定（一月）。日中戦争勃発（七月）、満鉄天津事務所を北支事務局に改組（八月）。第二次国共合作（九月）。満洲重工業開発株式会社設立（一二月）

一九三八（昭和一三）　満鉄産業部廃止（五月）、張鼓峰事件（七月）

一九三九（昭和一四）　この年、上海事務所調査課で「支那抗戦力調査」開始。満鉄調査部（いわゆる大調査部）発足（四月）、ノモンハン事件（五月）。満鉄、東亜経済調査局を東京支社の所属とする（八月）。第二次大戦勃発（九月）

一九四〇（昭和一五）　「日満支ブロック・インフレーションとその対策」など、総合調査始まる

一九四一（昭和一六）　「戦時経済調査」始まる。尾崎秀実と接触した渡辺雄二、小泉吉雄ら、関東軍司令部爆破などを計画（九月）。尾崎・ゾルゲ事件（一〇月）、合作社事件（一一月）、太平洋戦争勃発（一二月）

一九四二（昭和一七）　中国共産党諜報団事件、中西功ら検挙（六月）。満鉄調査部事件第一次検挙（九月）

一九四三（昭和一八）　満鉄調査部事件第二次検挙（七月）

一九四四（昭和一九）　大上末広ら獄死（一～三月）。尾崎・ゾルゲ処刑（一一月）

一九四五（昭和二〇）　満鉄調査部事件判決（五月）。日本無条件降伏（八月）

あとがき

満鉄調査部の歴史を一度まとめてみたいと思っていた。その矢先に平凡社からその機会を提供されたので、喜んでお受けすることにした。これまで、満鉄の一機関としての調査部を書く機会はあったが、満鉄調査部そのものに関しては初めてなので、うまく筆が進まず、編集者にご迷惑をおかけしてしまった。

私が編者となって出版した『近代日本と満鉄』(吉川弘文館)と福井紳一氏と共著で出版した『満鉄調査部事件の真相』(小学館)をベースに、これまで発表してきた論稿や著作を織り込んで満鉄調査部の成立から終焉までの歴史を一冊にまとめたのが本書である。その際、初代総裁の後藤新平については、その影響はいわれるほど大きいものではなく、むしろロシア革命の直接の衝撃と、その後のソ満国境をめぐる国防第一線という地理上の位置が満鉄調査部を調査部たらしめた大きな要因だと考えて論を進めた。人物を中心に論を進めたために、日本の国内政治や満鉄と調査部の関係が後景に退いた感がなきにしもあらずだが、一九二〇年代後半の山本条太郎時代の臨時経済調査委員会、満洲事変後の経済調査会、日中戦争下の大調査部を一連の流れの中で把握しようとしたのが、今回のもう一つの新しい筋書きかもしれない。そう考えると、あらためて理事として副総裁として、最終的には満鉄総裁として活動した松岡洋右の位置がクローズアップされるように思う。

本書は、多くの友人や私のゼミの院生の援助を受けて初めて完成させることができた。とりわけ加藤聖文、福井紳一両氏には原稿の段階で討論する機会を得て、さまざまな有益な指摘を受けた。また、谷ヶ城秀吉氏には文献検索に関してご協力をいただいた。また、ここに逐一お名前はあげないが、本書作成にご協力いただいた方々に感謝したいと思う。最後に本書完成にあたり平凡社の金澤智之氏には終始一貫お世話になりっぱなしであった。あらためて感謝したい。

二〇〇五年七月

小林英夫

学術文庫版あとがき

『満鉄調査部』を文庫化されませんか。講談社の岡本浩睦さんからの思いがけない申し出に驚くと同時に嬉しさが込み上げてきた。私の著作では文庫化ははじめてである。自分なりに全力投球したはずだが、さしたる良い評価がいただけないままにすでに一〇年近くを経過したこの著作に光を当ててくださるということは何とも言えずうれしいことである。

これまで気にはなりながら横に置いてきた課題を文庫化にあたってもう一度再検討してみた。それが十分だったかどうかに関しては読者の厳しい批評に任せざるを得ないが、誤記の修正を含めて講談社の方々には大いに助けていただいた。感謝がこうした平凡な言葉でしか表現できないのが残念である。

また、文庫化にあたっては、満鉄調査部の戦前と戦後の歩みを補論にごく簡単にまとめておいた。すでに発表した著作や論文からポイントとなるであろう点を列挙しただけだが、読者の皆様のお役に立てれば幸甚である。本書作成にお世話になった多くの学友に再度感謝の言葉を述べたい。

二〇一五年二月

小林英夫

KODANSHA

本書は二〇〇五年に平凡社から刊行された『満鉄調査部――「元祖シンクタンク」の誕生と崩壊』を底本としたものです。

小林英夫（こばやし　ひでお）

1943年東京都生まれ。東京都立大学法経学部卒。駒澤大学経済学部教授などを経て，早稲田大学名誉教授。専攻は日本近現代経済史，アジア経済論，植民地経済史。『〈満洲〉の歴史』『日中戦争』『「日本株式会社」を創った男——宮崎正義の生涯』『戦後アジアと日本企業』など著書多数。

講談社学術文庫

定価はカバーに表示してあります。

満鉄調《まんてつちょう》査《さ》部《ぶ》

小《こ》林《ばやし》英《ひで》夫《お》

2015年４月10日　第１刷発行
2025年７月25日　第８刷発行

発行者　篠木和久
発行所　株式会社講談社
東京都文京区音羽 2-12-21 〒112-8001
電話　編集（03）5395-3512
販売（03）5395-5817
業務（03）5395-3615

装　幀　蟹江征治
印　刷　株式会社ＫＰＳプロダクツ
製　本　株式会社国宝社
本文データ制作　講談社デジタル製作

ISBN978-4-06-292290-6

「講談社学術文庫」の刊行に当たって

これは、学術をポケットに入れることをモットーとして生まれた文庫である。学術は少年の心を養い、成年の心を満たす。その学術がポケットにはいる形で、万人のものになることは、生涯教育をうたう現代の理想である。

こうした考え方は、学術を巨大な城のように見る世間の常識に反するかもしれない。また、一部の人たちからは、学術の権威をおとすものと非難されるかもしれない。しかし、それはいずれも学術の新しい在り方を解しないものといわざるをえない。

学術は、まず魔術への挑戦から始まった。やがて、いわゆる常識をつぎつぎに改めていった。学術の権威は、幾百年、幾千年にわたる、苦しい戦いの成果である。こうしてきずきあげられた城が、一見して近づきがたいものにうつるのは、そのためである。しかし、学術の権威を、その形の上だけで判断してはならない。その生成のあとをかえりみれば、その根は常に人々の生活の中にあった。学術が大きな力たりうるのはそのためであって、生活をはなれた学術は、どこにもない。

開かれた社会といわれる現代にとって、これはまったく自明である。生活と学術との間に、もし距離があるとすれば、何をおいてもこれを埋めねばならない。もしこの距離が形の上の迷信からきているとすれば、その迷信をうち破らねばならぬ。

学術文庫は、内外の迷信を打破し、学術のために新しい天地をひらく意図をもって生まれた。文庫という小さい形と、学術という壮大な城とが、完全に両立するためには、なおいくらかの時を必要とするであろう。しかし、学術をポケットにした社会が、人間の生活にとってより豊かな社会であることは、たしかである。そうした社会の実現のために、文庫の世界に新しいジャンルを加えることができれば幸いである。

一九七六年六月

野間省一

日本の歴史・地理

207〜209
古事記（上）（中）（下）
次田真幸全訳注

本書の原典は、奈良時代初めに史書として成立した日本最古の古典である。これに現代語訳・解説等をつけ、素朴で明るい古代人の姿を平易に説き明かし、神話・伝説・文学・歴史への道案内をする。（全三巻）

348〜350
物語日本史（上）（中）（下）
平泉《ひらいずみ》　澄《きよし》著

著者が、一代の熱血と長年の学問・研究のすべてを傾けて、若き世代に贈る好著。真実の日本歴史とは何か、正しい日本人のあり方とは何かが平易に説かれ、人物中心の記述が歴史への興味をそそる。（全三巻）

393
ニコライの見た幕末日本
ニコライ著／中村健之介訳

幕末・維新時代、わが国で布教につとめたロシアの宣教師ニコライの日本人論。歴史・宗教・風習を深くさぐり、鋭く分析して、日本人の精神の特質を見事に浮き彫りにした刮目すべき書である。本邦初訳。

455
乃木大将と日本人
S・ウォシュバン著／目黒真澄訳（解説・近藤啓吾）

著者ウォシュバンは乃木大将をFather Nogiと呼んだ。この若き異国従軍記者の眼に映じた大将の魅力は何か。本書は、大戦役のただ中に武人としてギリギリの理想主義を貫いた乃木の人間像を描いた名著。

491
大鏡　全現代語訳
保坂弘司訳

藤原氏一門の栄華に活躍する男の生きざまを、表では讃美し裏では批判の視線を利かして人物の心理や性格を描写する。陰謀的事件を叙するにも核心を衝くなど、「鏡物」の祖たるに充分な歴史物語中の白眉。

563
東郷平八郎
下村寅太郎著

日本海海戦大勝という「世界史的驚異」を指揮した東郷平八郎とは何者か。秋山真之ら幕僚は卓抜な能力をどう発揮したか。哲学者の眼光をもって名将の本質を射抜き、日露海戦の精神史的意義を究明した刮目の名著。

日本の歴史・地理

619
若槻禮次郎《わかつきれいじろう》著（解説・伊藤 隆）
明治・大正・昭和政界秘史 古風庵回顧録
日本の議会政治隆盛期に、二度にわたり内閣総理大臣を務めた元宰相が語る回顧録。明治から昭和激動期まで中央政界にあった若槻が、親しかった政治家との交流や様々な抗争を冷徹な眼識で描く政界秘史。

621
和田英松著（校訂・所 功）
新訂 官職要解《かんしょくようかい》
平安時代を中心に上代から中近世に至る我が国全官職の官名・職掌を漢籍や有職書によって説明するだけでなく、当時の日記・古文書・物語・和歌を縦横に駆使してその実態を具体的に例証した不朽の名著。

675
福沢諭吉著（解説・小泉 仰）
明治十年 丁丑《ていちゅう》公論・瘠《やせ》我慢《がまん》の説
西南戦争勃発後、逆賊扱いの西郷隆盛を弁護した「丁丑公論」、及び明治維新における勝海舟、榎本武揚の挙措と出処進退を批判した「瘠我慢の説」他を収録。諭吉の抵抗と自由独立の精神を知る上に不可欠の書。

702
金達寿《キムタルス》著
日本古代史と朝鮮
地名・古墳など日本各地に現存する朝鮮遺跡や、記紀に見られる高句麗・百済・新羅系渡来人の足跡等を通して、密接な関係にあった日本と朝鮮の実像を探る。豊富な資料を駆使して描いた古代日朝関係史。

754
金達寿著
古代朝鮮と日本文化 神々のふるさと
高麗神社、百済神社、新羅神社など、日本各地に散在する神々は古代朝鮮と密接な関係があった。神社・神宮に関する文献や地名などを手がかりにその由来をたどり、古代朝鮮と日本との関わりを探る古代史への旅。

784
朝河貫一《あさかわかんいち》著（解説・由良君美）
日本の禍機《かき》
世界に孤立して国運を誤るなかれ――日露戦争後の祖国日本の動きを憂え、遠く米国からエール大学教授の朝河貫一が訴えかける。日米の狭間で日本への批判と進言を続けた朝河の熱い思いが人の心に迫る名著。
電 P

日本の歴史・地理

800・801
有職故実《ゆうそくこじつ》（上）（下）
石村貞吉著（解説・嵐　義人）

国文学、日本史学、更に文化史・風俗史研究と深い関係にある有職故実の変遷を辿った本書には官職位階・平安京及び大内裏・儀式典礼・年中行事・服飾・飲食・殿舎・調度輿車・甲冑武具・武技・遊戯等を収録。

833・834
日本書紀（上）（下）全現代語訳
宇治谷《うじたに》　孟《つとむ》訳

厖大な量と難解さの故に、これまで全訳が見送られてきた日本書紀。二十年の歳月を傾けた訳者の努力により全現代語訳が文庫版で登場。歴史への興味を倍加させる、現代文で読む古代史ファン待望の力作。

928
日本神話と古代国家
直木孝次郎著

記・紀編纂の過程で、日本の神話はどのような潤色を加えられたか……。天孫降臨や三種の神宝、ヤマトタケルなどの具体例をもとに、文献学的研究により日本の神話が古代国家の歴史と形成に果たした役割を究明。

1030〜1032
続《しょく》 日本紀《にほんぎ》（上）（中）（下）全現代語訳
宇治谷　孟訳

日本書紀に次ぐ勅撰史書の待望の全現代語訳。上巻は全四十巻のうち文武元年から天平十四年までの十四巻を収録。中巻は聖武・孝謙・淳仁天皇の時代を、巻三十からの下巻は称徳・光仁・桓武天皇の時代を収録した。

1068
伊勢神宮
所《ところ》　功《いさお》著

日本人にとって伊勢神宮とはいかなる処か。'93年は伊勢神宮の第61回の式年遷宮の年。二十年ごとの造替行事が千数百年も持続できたのはなぜか。世界にも稀な聖地といわれる神宮の歴史と日本人の英知を論述。

1191
大和朝廷　古代王権の成立
上田正昭著

大和朝廷が成立するまでを、邪馬台国を経て奈良盆地の三輪王権から河内王権への王朝交替説などで分析。豪族と大王家との権力争奪の実態を克明に描き出し、古代日本の王権確立の過程を解明した力作。

日本の歴史・地理

1308

幕末日本探訪記　江戸と北京

R・フォーチュン著／三宅　馨訳（解説・白幡洋三郎）

世界的プラントハンターの幕末日本探訪記。英国生まれの著名な園芸学者が幕末の長崎、江戸、北京を訪問。珍しい植物や風俗を旺盛な好奇心で紹介し、桜田門外の変や生麦事件の見聞も詳細に記した貴重な書。

1325

シュリーマン旅行記　清国・日本

H・シュリーマン著／石井和子訳

シュリーマンが見た興味尽きない幕末日本。世界的に知られるトロイア遺跡の発掘に先立つ世界旅行の途中で、日本を訪れたシュリーマン。執拗なまでの探究心と旺盛な情熱で幕末日本を活写した貴重な見聞記。

1343

東と西の語る日本の歴史

網野善彦著（解説・山折哲雄）

日本人は単一民族説にとらわれすぎていないか。日本列島の東と西に生きた人びとの生活や文化の差異が、歴史にどんな作用を及ぼしたかを根本から見直す網野史学の代表作。新たな視点で日本民族の歴史に迫る。

1349

英国外交官の見た幕末維新　リーズデイル卿回想録

A・B・ミットフォード著／長岡祥三訳

激動の時代を見たイギリス人の貴重な回想録。アーネスト・サトウと共に江戸の寺で生活をしながら、数々の事件を体験したイギリス公使館員の記録。徳川幕府崩壊の過程を見すえ、様々な要人と交わった冒険の物語。

1354

ザビエルの見た日本

ピーター・ミルワード著／松本たま訳

ザビエルの目に映った素晴しき日本と日本人。一五四九年、ザビエルは「知識に飢えた異教徒の国」へ勇躍上陸し精力的に布教活動を行った。果して日本人はキリスト教を受け入れるのか。書簡で読むザビエルの心境。

1379

円仁《えんにん》　唐代中国への旅　『入唐求法巡礼行記』の研究

エドウィン・O・ライシャワー著／田村完誓訳

円仁の波瀾溢れる旅日記の価値と魅力を語る。九世紀唐代中国のさすらいと苦難と冒険の旅。世界三大旅行記の一つ『入唐求法巡礼行記』の内容を生き生きと描写し、歴史的意義と価値を論じるライシャワーの名著。

《講談社学術文庫　既刊より》